JN074120

For Beginners
人類学

メリル・ウィン・デイビス
[著]

ピエロ
[イラスト]

池田光穂＋額田有美
[訳]

現代書館

For Beginners 人類学
目次

この本の使い方について──訳者からのメッセージ

　皆さんにお届けするのは、メリル・ウィン・デイビスさんの『人類学イラストガイド(Introducing Anthropology)』(作画はアルゼンチン出身のイラストレーターのピエロ)の全訳です。この本は今から20年近く前の2002年に出版されて、2010年に再度出版されています。両者のあいだに大きな異同はありません。さて、本書のスペイン語版(2005)を訳者のひとり池田が中米グアテマラの古都アンティグアにある出版社も兼ねているデル・ペンサティーボ書店で購入したことをよく覚えています。なぜなら池田は日本の大学で文化人類学を教えていて、フレンドリーで使いやすい教科書がなくていつも困っていたからです。翻訳するには、ぜひとも、これだっ!!と思いました。

　ちょうど同じ2005年に太田好信・浜本満編『メイキング文化人類学』(世界思想社)という論集が出版されますが、池田はそのなかに「民族誌のメイキングとリメイキング─ミードがサモアで見いだしたものの行方」という章を書いています。このことは本書「120. ミード神話の崩壊」に関連する文化人類学の大スキャンダルですが、私はその論集のなかで、「神話が崩壊する前に」生前のミードがサモアの人たちと対話すべき課題があったということを指摘しています。文化人類学は学者の占有物ではなくて、勉強したいすべての読者と調査対象になった名もなき人びととの共同作業の産物であること

が、原著の発刊以降ますます認識されるようになってきています。

　さあ、これから楽しく人類学のことを勉強しようとしている皆さんに、ミードのスキャンダルといういきなり文化人類学の脛の傷のエピソードから始めたのは気が引けますが、私たちは、だからこそ、この学問はとても人間的で興味深いことを強調したいと思います。実はミードの先生はフランツ・ボアズですが、もともとはドイツ国籍のユダヤ人でした。アメリカ文化人類学の父フランツ・ボアズ(→小見出しの番号45)は、地球物理学の観測のためにカナダ北部の先住民イヌイットのところにやってきますが、人びとのあいだでの人間味溢れる交流があったためにいたく感動しドイツにいた婚約者にその思いを綴っています。その4年後の1887年に二人は結婚します。世紀末におけるヨーロッパでの反ユダヤ主義の台頭にも嫌気がさしていたボアズはアメリカで民族学(後の文化人類学)の調査と研究を本格的に始めます。第二次大戦中のナチスドイツの人種主義(→29)に対抗して専門外ともいえる自然人類学(→32)の人骨の計測を行い、みんなが人種の違いと思っていた形質的差異が比較的短い世代のあいだに変化していくことを証明します。ボアズは人間の文化の多様性は、人間が人種によって異なっているのではなく、人間という種が唯一だからこそ可能になると主張します。現在まで、

4

いろいろな研究者が世界の異なった民族や社会を調査して、文化のおどろくべき多様性と不思議なくらいシンプルな共通性——すなわち文化を守り受け継ぎそして改良してゆくこと——を発見してきたのが文化人類学の歴史なのです。

この本は、小見出しに振られた番号にあるように134のエピソードから成り立ちます。原著にはただ項目があるだけですが、現代書館編集部・原島康晴さんと相談して、この訳書には小見出しに番号をつけてみました。そして訳者たちはそれを12のセクションに分け、それぞれに見出しをつけてみました。冒頭からのその順番にしたがうと、I人類学概論→II人類学史(Part1)→III人類学史(Part2)→IV人類学の四大領域(自然人類学・考古学・言語学・文化人類学)→V文化人類学のビッグマンと方法→VIエコロジーとエコノミ→VII婚姻と親族と縁組理論→VIII法と紛争処理→IX宗教とシンボリズム→X芸術と表象→XI論争・批判・内省→XIIトラブルからの脱却、となります(目次を参照)。もちろん、原著のテイストを活かして、どこから自由に読んでもいっこうにかまいません。自由度の高さが、この本の魅力だからです。

しかし、この番号と見出しのグループ化も、系統的に学びたい学生の皆さんには役立つことがあるでしょう。もし仮に授業で先生がこれ以外の別の教科書を使って授業をしたとしても、学生たちは、本書の目次や巻末の索引(人名と事項)を参考に探して、大まかな説明をつかみ、もっと詳しい事典(やネット検索)で予習や復習をすると、文化人類学がもっともっと面白くなることを、

訳者たちは自信を持って保証しましょう。訳者たちのちょっとしたこの「改造」により、大学の教科書としても使えますし、また、高校生以上なら各人が自学自習することにも使えると思います。

翻訳は、2020年の春からメインの訳者である額田が着手して大方はその年の秋にはすでに完成していましたが、池田による内容のブラッシュアップや二次文献のチェックなどで予想外の時間がかかってしまいました。最後に、訳語のチェックや文体の調整などの作業は訳者たちと編集部の原島さんが協力して完成にまで漕ぎ着けられました。

ようやく2021年7月末に初校ゲラができあがり、テキストの原著者のデイビスさんに連絡しようとネットで調べてみたところ、彼女は2021年2月1日に72歳でマレーシアにおいて亡くなっておられました。なんていうことでしょう!! 彼女の経歴を紹介しましょう。メリル・ウィン・デイビスさんはロンドン大学(UCL)で人類学を勉強した後で、ジャーナリズムの世界に転じBBCなどにおいてラジオやテレビなどの放送作品を手がけました。英国ウェールズのムスリム社会に通じ、ご自身も31歳のときにイスラム教に改宗しています。1980年から90年代はマレーシアに居を移し政治家アンワル・ビン・イブラヒムさんのスピーチライターになったそうです。日本語になった著作もいくつかあり、その中心的テーマは西洋世界のイスラム教の多様なあり方を過度に単純化する「反イスラム言説」をきちんとした証拠に基づいて反論するというものです。まさに文化人類学者としてのデイビスさんの真骨頂がそれらの作品に顕れ出て

いると思います。亡くなる前の10年間余りはウェールズにあるリニューアルされたイスラム研究所の所長を務めておられました。

　私たちはすでに経験済みですが、読者の皆さんは、この翻訳を通してイラストレーターのピエロが描く、ちょっとデフォルメされたユーモラスな実在の人類学者たちと、架空の太っちょの「人類学者」おじさんと、自称「未開人」のアナザシ——これは北米先住民名のAnasaziのアナグラムと思われます——の楽しいかけ合いを楽しむことができるでしょう。このようなドラマチックな人類学物語を紡ぎ出したのもジャーナリスト兼著述家で、人類学者で、英国のムスリム社会のスポークスパースンであったデイビスさんの面目躍如たるものだったのでしょう。ムスリム社会には私たち日本人社会のような祖先崇拝というものがありませんが、それに似て非なる聖者信仰という

ものがあります——興味があれば是非調べてください。

　人類学には学説や学派を議論する以上に個性ある人類学者たちが紡ぎ出すエスノグラフィー（民族誌）について議論する学問的伝統があります。その意味では人類学という聖者信仰のカルト（＝儀礼をとり行う信徒集団）のなかで私たちも多少は彼女の霊に動かされたのかもしれません。少なくとも訳者たちにとっては、一時的ではありますが、人類学を学ぶことの楽しみを日本のみんなに伝えてほしいというデイビスさんの情熱が憑依していたのです。どうかこの本が、あなたの本棚のなかで、思い出深き1冊になることを願い、私たちからのメッセージとさせていただきます。

2021年9月15日

池田　光穂

額田　有美

1. 人類学とは何か?

　〈アンソロポロジー〉という言葉は、ギリシャ語起源で、その文字どおりの意味は〈人の研究〉ないし〈人の科学〉である。しかし、人類学（アンソロポロジー）の〈人〉は、特別な種類の〈人〉をさしていた。

人類学者

人類学は、
歴史的にみれば
〈未開人の研究〉
だったんじゃ

俺はアナザシ※。
連中は俺のことを未開人と
呼んでいたのさ

※【脚注】　原語はAnazasiであるがアナサジ（Anasazi）は古代プエブロ先住民遺跡をつくったといわれる考古学上の集団。後者のアナサジは近隣の北米先住民プエブロの言葉で「太古の敵」の意味。本人も未開人と言っているように、ワイルドだが文明人をときに糾弾するような批判的理性の持ち主。

2.〈未開〉とは何か?

　アメリカ文化人類学の創始者**フランツ・ボアズ**(1858-1942)は、『未開人の心性』(1938)において、まさに誰が未開人であるのかを私たちに伝えている。

未開人は、その生活の諸形態において単純で共通のものが多くみられ、その文化の内容や形態が貧弱で知的にはそれほど一貫性がないものなのだ

フランツ・ボアズ

〈未開人の研究〉は、よりまともな定義をすると〈女を抱く男＝マンの研究〉という人類学のお定まりのジョークで表現されるもんじゃよ

未開人の性生活

ブロニスロー・マリノフスキー

3. 人びとを研究する

　人類学者は人びとを研究する。人類学者は、人びとがどのように生活しているのかということ、つまり人間社会の現在と過去を研究する。人類学は、現在そして過去において、人びとについて考える人びとを私たちがどのように考えるかに関する研究でもある。ときに人類学は、人びと、民族、複数の文化と複数の社会のあいだでの権力関係、植民地主義、そしてグローバル化についての研究でもある。

人類学とは、

● 生物学的、文化的そして社会的観点からの
　人の研究
● 人間の文化的差異についての研究

● 人間文化と人間の本性についての
　一般理論の探求
● 複数の文化のあいだの、類似性と差異についての
　比較分析

なのだそうだよ

9

4. 人類学の大きな課題

　人類学にとって最大の課題は、研究対象をどのように語るかということである。「未開」、「野蛮」あるいは「単純」といった言葉は、偏見を伴うものであり、差別的で分野優越主義である。しかし、人類学者が特に研究したいと思う人びとや、なぜそれらの人びとを研究したいのかということの根拠は、こういった言葉によって定義されてきた。

人類学的探究の根本精神は、人間文化のすべての形態を研究することの必要性を理解するところにあるのだ。人間文化の多様な形態は、それだけで、人間の発展の歴史、過去そして未来に光を当てることができるのだから

フランツ・ボアズ

人類学者が学び、人類学が教えようと試みているのは、現実の人びとを未開で野蛮で単純な存在だと考えることの何が悪いのかということらしいよ

5. 他者

　今日の人類学は、他者についての体系的な学問であり、その他の社会科学はすべて、ある意味では自己についての学問であると定義されている。しかし、誰が他者で、誰が自己なのだろうか?

他者は、異なっていると認識される誰かであり、自身のアイデンティティを「相互定義」するための誰かだよ

他者は、非西洋文化の民族ということだね

　デル・ハイムズは「他者についての研究を専門とする、自立した学問（ディシプリン）が存在すること自体が、いつも何かしら問題を含むものであった」と『人類学の再創造』(1969) において論じた。

6. 変化する課題

　人類学がその「課題」にどのように取り組むのかということが、今や人類学内部での加熱した論争の主題である。これ以外にも二つのことが変化した。一つは、他者の変化である。非西洋社会は、急速な社会変化を経験した。

　もう一つの変化は、人類学がホームに戻ってきたことである。人類学はもはや非西洋社会の文化だけの研究ではなくなっている。人類学者は、今や西洋社会の周縁的文化や、法人企業や科学者集団、あるいは警察といった制度的で組織的な文化をも研究する。

人類学は、これらの変化にどのように対処するのか？　人類学は、人類学そのものの歴史や、過去から現在までの人類学者たちの想定や反応を研究する。さらに、他者よりも自己について、人類学がより多くを私たちに教えてくれるものなのかどうかについて熟考する。

つまり、複雑になった
ということだね

　「まず、人類学が何についての研究であるのかを示すのは困難である。次に、人類学を学ぶために何をしなければならないかが少しも明らかではない。そして、人類学を学ぶことと人類学を実際に行うこととの違いを説明する方法は、おそらく誰も持ち合わせてはいない。」
ティム・インゴルド（アバディーン大学人類学名誉教授）

7. 人類学の起源

「人類学を人類学たらしめるものは、具体的な探究の対象ではなく、学問と実践<ruby>ディシプリン</ruby>としてのその歴史である。」**ヘンリエッタ・ムーア**（ロンドン大学（UCL）教授）

どの歴史、どのような実践なのかな？どのように人類学は始まったというのかな？

近代的学問（モダンディシプリン）かつ専門的職業としての人類学は、人類学を教える大学学部の設立から始まるのじゃ

アメリカ合衆国では、ボアズが1896年にコロンビア大学で教鞭をとり始めた。イギリスでは、1906年にオックスフォード大学において人類学という新しい学位が導入された。それと時を同じくして、人類学の実践が**民族誌（エスノグラフィー）**（人びとがどのようにどこで生活しているのかについての幅広い研究）として確立された。

8. 建学の父たち

　アラン・バーナードは、著書『人類学の歴史と理論』(2000)において、すべての現代人類学の共通の祖先として、フランスの哲学者**シャルル=ド・モンテスキュー**（1689-1755）の名前を挙げている。人類学は、1748年の『法の精神』の出版から始まるというのだ。この書物は、啓蒙運動の産物なのだ。

ブロニスロー・マリノフスキー

ルイス=ヘンリー・モーガン

シャルル=ド・モンテスキュー

エドワード=バーネット・
タイラー卿

ヘンリー・サムナー=メイン卿

　その後、1860年代にダーウィン主義の展望が開け、**ヘンリー・サムナー=メイン卿**（1822-88）、**ルイス=ヘンリー・モーガン**（1818-81）、**エドワード=バーネット・タイラー卿**（1832-1917）、そして**ジェイムズ・フレイザー卿**（1854-1941）といった名高い人類学者たちによって、現代人類学へとつながる知的伝統がかたちづくられる。1871年には、ロンドンに英国王立人類学協会(RAI)が創設される。フランツ・ボアズ、**ブロニスロー・マリノフスキー**（1884-1942）、そして**A.R.ラドクリフ=ブラウン**（1881-1955）がエスノグラフィーの実践を確立するときには、現代人類学はすでに始動している。

9. 隠された項目

　マーヴィン・ハリスも同様に、彼の『人類学理論の発展』(1968) におい て、人類学の起源は啓蒙主義であると主張する。**ドゥニ・ディドロ** (1713-84)、**ジャック・テュルゴー** (1727-81)、そして**コンドルセ侯爵** (1743-94) を含む多くの啓蒙主義者が、人類学建学の父たちのリストに加えられる。

　さらにハリスは、1580年に出版された『喰人種について』という小論の 著者であるフランスの作家**ミシェル=ド・モンテーニュ** (1533-92) もその リストに加えようとする。

10. 探検の時代

　モンテーニュは、フランスの博覧会でパフォーマンスするために連れて
こられた何名かの南アメリカのインディアン（先住民）に出くわした。その
後、モンテーニュは有名な小論（『喰人種について』）を執筆し、文明の決
定的な特質を欠く存在として非西洋の民族をでっち上げた。

　モンテーニュの着想は、「経験」ではなく推論によって形成されたもので
あった。彼の推論とは、いわゆる「探検（リコナサンス）の時代」における
クリストバル・コロン（コロンブス）のアメリカ大陸への漂着や、インドへ
導かれたヴァスコ・ダ＝ガマ以降に見出された「新しい」民についての膨
大な文献の一部にすぎない。

クリストバル・コロン
（コロンブス）

この時代は、ヨー
ロッパ人がその地理的視
野と知識を劇的に広げた
時代だった

そして私たちは大虐殺さ
れ、奴隷にされ、大幅な人口
減少を強いられたんだ。私た
ちの存在と歴史なしに、人類
学は存在しない。これが人
類学者たちが認めたくない事
実なのさ！

11.「古き時代への忠誠」

　M.ハリスが厳しく非難し除外しようとするのは、マーガレット・ハッジェンの主張である。ハッジェンは著書『16世紀から17世紀の初期人類学』（1964）において、手ごたえのある次の二つの点を指摘している。

　まず、(1) 人間の起源、生活様式や多様性についての推論は、古くからあるもので、相互作用し連続していること。古代ギリシア、中世の作家、探検の時代、モンテーニュ、そしてそれ以外の多くの概念と着想が、啓蒙主義思想と19世紀の人類学の知的伝統に情報を与え、これらの考え方を構成していること。

マーガレット・ハッジェン

ハッジェンが人類学とのつながりを指摘する初期の作品の特徴は何だろうか？　一つの要素は、ローマの作家プリニウスの『博物誌』（A.D.77）の第一節にある〈プリニウスの野蛮人〉が実在するという信仰である。『博物誌』は、知られざる世界の縁に暮らす怪物のような人種（犬の頭をした民族や頭のない〈食人種〉）についての莫大なコレクションを記録した。このような人種は、古代そして中世の文学作品としてはごく一般的な読みものとなった。もう一つの要素は、聖書の記述である。

怪物のような「人種」がいるだろうという期待は、人類学の歴史が始まったとされる19世紀当時はまだ根強く、ベストセラーの書籍を生み出していたのよ

マーガレット・ハッジェン

そして食人種は
生き続けているのじゃ

　食人種（カニバル）という見出し（ヘッドライン）を生み出す人類学者の最後の一人が1980年代に確認されている※。しかし、人類学者ウィリアム・アレンズは『食人という神話』（1979）で、互いの共通言語が存在しないときに西洋人が発見しようとしたものが食人種であったと示しつつ、それが西洋人による過度な想像の産物であると説得力をもって主張した。その存在が期待されていたので、どんなに不合理であっても、食人種が実在するという報告は受け入れられたのだ。

※【訳注】　Sagan, E. *Cannibalism: human aggression and cultural form*. The Psychohistory Press, 1983.

12. 人権という問い

　スペイン人の「新世界」についての思想研究を専門とする、ケンブリッジ大学の歴史学者アンソニー・パグデンも、同様の議論をしている。

　パグデンは、まず重要なことを指摘する。1550年にスペインのバリャドリードで開かれ、1570年代まで何度も繰り返された「アメリカインディアンが人間か否か?」をめぐってのカトリック教会の公開討論会があり、それが人類学的思考と議論が可能かどうかの主要因（パラメーター）となったというのだ。

その起訴案件は、スペイン王国の司祭兼公設史家であったフアン＝ヒネス・デ・セプルベダによって示されたんだ

征服者

余は、古代ギリシアの哲学者アリストテレスを引き合いに出し、非西洋人は生来の野蛮人であるか、そうでなければ生来の奴隷であり幼児であることを示した

フアン＝ヒネス・デ・セプルベダ

ドミニコ会の聖職者**バルトロメ・デ・ラス=カサス**（1484-1566）は、『インディアスの破壊についての簡潔な報告』として、これに反する事例を提示した。つまり先住民（インディオ）はキリスト教徒たる人間であると。ラス=カサスは自分が主張していることについて自らの経験をもって知っていた。

私は、1502年からアメリカ大陸に滞在しておった。私自身がインディアンの奴隷を有し、彼らを搾取することで富を得ていたのだ。これは、私の著書『インディアス史』（1566）に詳しく記述したとおりである

1515年以降、ラス=カサスはその人生をインディアンの権利を弁護するために費やしたのさ。ラス=カサスの貢献は、プロの人類学者たちが行った以上のものだし、これは1950年代や1960年代に人類学者が先住民擁護を話題にし始めてからもいえることだね

13.『イエズス会報告年報』

パグデンは指摘する。人類学のフィールドワークの本当の始まりは、ご先祖様のボアズとマリノフスキーのそれらではない。フィールドワークの創始者はイエズス会士の世代の人たちであり、それはとりわけカナダで活動していた宣教師たちなのだ、と。つまり、**ポール・ル＝ジュヌ**（報告年1634、以下同様）、**ジャック・マルケット**（1673）、そしてとりわけ**ジョセフ・ラフィット**（1724）である。これらの宣教師の活動報告は、『イエズス会報告年報』のなかで発表された。

イエズス会宣教師

14. 西洋思考の主潮

　学問としての人類学の従来型の歴史を見事に修正したのは、ハッジェンとパクデンに共鳴する人類学者**ウィリアム・Y・アダムス**（1927-2019）である。アダムスは、西洋思考の「主潮」、つまり「意識されている理論の段階のその下」で作動する考えに目を向ける。

> これらの主潮は、人類学がどこからやってきたのか、人類学とは何なのかを説明するものなのさ

西洋思考の主潮

進歩主義：どんな歴史の時点で取り上げようとも〈野卑で理性に欠く存在〉から西洋近代へという上りのエスカレーターのように進歩するということと、人類の文化の歴史とを同定する思考。いつも頂点にあるのは西洋近代であるという思考。

未開主義：進歩主義と相反する思考で、未開の単純性へのノスタルジーと、文明によって救済される者がゼロではないとはいえ、人類はその始まりの時点から下降を続けているとする退化の概念を含む思考。

自然法：何度も繰り返される行動ではなく、コードと行動の事前の書き込み、そしてすべての民族、自然の一部（たとえば起源の生物学的側面）ないし神（たとえば起源の道徳的、文化的側面）の意図に共通する規制が存在するという思考。

ドイツ観念論：精神（歴史の実質）と身体（自然の実質）という二元論に基づく思考。

〈インディアノロジー〉：いずれも人気のある、アメリカインディアンについてのイデオロギー（特に高貴な未開人に関するさまざまなイデオロギー）と、他者の他者性を中心とする主要な研究分野。

15. 伝統の連続性

　このような哲学的主張は、連綿と続いてきた伝統であり、理性に関する西洋の歴史を結び合わせる。これらの動向は、古代の起源から、中世、ルネッサンス、啓蒙運動、ヴィクトリア朝時代の推論へ、そして現代、さらにはポストモダンの時代へと連なっている。

19世紀の議論そのものが、聖書のストーリーになぞらえて解釈されるという事態が起こったのだ。その聖書のストーリーは、不明瞭にうっすらと、あるいはその反対のかたちで、世俗的な哲学あるいは神学的概念および用語を使って繰り返し登場するのじゃ

新しい議論のモードに再利用され、用語も一新されたとはいえ、哲学的なルーツは今も現代人類学のなかに確認することができるのじゃ

聖職者

24

16. 派生したマイナーな風潮

アダムスは、〈マイナーな風潮〉も明らかにしている。これらは劣っているわけではなく、主潮からの派生であり応用である。

合理主義：人間の理性に順応し、理性によって理解することのできる法によって、秩序ある世界が統治されているという信念。

実証主義：経験主義つまり観察と帰納ないし演繹から成る方法論に対する広義の通称。

マルクス主義あるいは弁証法的唯物主義：明らかに進歩主義の一部である、自称のイデオロギーであり〈セクト〉。マルクスとエンゲルスは、イロコイインディアンの研究で最もよく知られるアメリカの人類学者**ルイス=ヘンリー・モーガン**（1818-81）の業績を自らの思考の基盤とした。

功利主義と社会主義：イギリスに特有の急進主義的学派であり、過去への関心よりも未来に焦点を当てた社会変革のためのアプローチ。

構造主義：観察者によって押しつけられたものではない、構造化された世界、あるいは自然の秩序における原初的で一貫した構造があるという信念。構造は、したがって世界である。これは自然法の派生である。

ナショナリズム：過去3世紀に支配的な西洋のイデオロギーであり、人類学とその他の社会科学の国ごとの伝統を方向づける。

大事なことを一つ言い残してしまったよ。ビッグサイズのエンチラーダ料理※（大親分）を持ってこい！

※【訳注】　エンチラーダはメキシコ料理。だがここでの意味は次ページに続く「帝国主義」という思潮のことである。

17. 帝国主義

　帝国主義とは、理論よりも現場の実践において有効な、搾取のための実践的戦略であり、西洋思考が作動するイデオロギー的枠組みである。人類学者にとって対象となる植民地の民族は、研究のための、比類なき〈対象となる民族〉である。イギリスの人類学者**アーネスト・ゲルナー**（1925-95）によると、植民地とは人類学が研究のために独占した〈事前に予約済の実験室〉である。

アメリカ合衆国では、実験室がすぐに手の届くところにあったのだ

人類学者が夏のあいだに訪問することができるよう、ネイティブアメリカンを都合よく閉じ込めた場所が保留地（リザベーション）なのさ

アーネスト・ゲルナー

18. 人類学者の加担

　人類学者は、植民地官吏を訓練した。役に立つ情報は何も得られなかったと官吏からは批判されたとはいえ、人類学者は彼らへの報告も行った。

　タラル・アサドは、彼の有名な編著『人類学と植民地的出会い』(1973) において、人類学が「植民地主義の下働き」という役割を果たしていたと指摘した。帝国主義のイデオロギーは、人類学を生んだ知的かつ哲学的なルーツと同じものによって支えられており、これらを共通の仲間とした。人類学が植民地主義をつくり出したわけではないものの、人類学の起源は確かに植民地主義とともに起こった現象である。

19. 倫理に対する違反

　近年では、アメリカ合衆国による新帝国主義的な東南アジアでの紛争（ベトナム戦争）のなかで、人類学者は詳細な情報を収集した。それは、人類学内部での倫理の再検討を必要とするスキャンダルとなった。

人類学者たちは、企業の帝国主義的な業務にも貢献しているぞ

あいつらは、マクドナルドのようなグローバル企業に、現地の人びとについての「民族誌的報告」を提供しているんだ

※【訳注】　イラストのシンボルは「おひつじ座」。ギリシア神話では双子の兄妹を邪悪な継母（＝植民地主義者?）から救う存在。

植民地官吏

28

20. ルーツへの回帰

　ここまでのところで、人類学の従来型の歴史を支える哲学的ルーツをみてきた。これらは、人類学が何に依拠し、どのように作動するのかを方向づけた基盤である。これらのルーツと、現代人類学の系譜、そして四つの学術的ディシプリン（44ページ参照）の分派とを結び合わせるために必要なのは、以下のものである。

一つの特徴:〈未開〉

二つの理論:進化主義と伝播主義

一つのイデオロギー:人種

つまり、俺たちに戻ってくるんだよね！

21. なくてはならない未開性

人類学の知的伝統は、イギリスの人類学者**アダム・クーパー**が『未開社会の発明：幻想の変容』(1988) と呼んだものとともに1860年代に具体化する。「未開人」は、合法的かつ決定的な研究の対象・目的であり、そのために専門的職業としての人類学がつくり出されたのだ。

22. 未開概念の発明についての推論

　未開概念の発明は、意識された構築的な行為である。それは、未開と文明を生得的地位と獲得的地位として位置づけた**ヘンリー・サムナー＝メイン卿**（1822-88）に始まる。

ヘンリー・サムナー＝メイン卿

社会は、〈社会契約〉ではなく、家族と、家族を中心とする親族集団にその起源を持つのである

　親族の起源と未開状態の思想は、次のような人たちにより考えられそして展開された。すなわち**チャールズ・ダーウィン**（1809-82）の隣人であり友人であり、かつ支援者でもあった**ジョン・ラボック**（1834-1913）、スコットランドの法律家**ジョン・マクレナン**（1827-81）、アメリカ合衆国の**ルイス＝ヘンリー・モーガン**（1818-81）であり、彼ら全員が政治家にして安楽椅子の人類学者であった。さらにスイスの判事であった**J.J.バッハオーフェン**（1815-87）が名を連ねる。

23. 何が最初に生じたのか？

ジョン・マクレナンとルイス＝ヘンリー・モーガンとは宿敵どうしであった。彼らは活発に議論した。

食糧不足が、女児殺しの原因となったのだ。女性不足が、ポリアンドリー（一妻多夫制）と妻を確保するための男性による女性狩りの原因をつくったのである

ばかばかしい！　妻狩りが先に行われており、私が研究するインディアン社会の親族用語のなかでも、この「マンの歴史」が存在し続けているのだ

マクレナン

こいつらはどのようにしてそれを知ったのかな？　もっと端的にいうと、19世紀のこれらの特権階級の男の人類学者たちの着想が、なぜ今日のフェミニスト人類学のなかで再浮上しているのかな？

モーガン

24. 存在する残存(生きている化石)

　原始的乱婚、「父系制」に対する「母系制」の優位性、「父権制」に対する「母権制」の優位性という特徴によって未開人は定義された。これらの特徴は、現代の未開社会において現存するそのなかにも見出すことができる。未開人の特徴(あるいは「現存する諸民族」との同一性)も人類学という専門分野も、この類推による構成から始まった。

　未開概念は、**エドワード=バーネット・タイラー卿**(1832-1917)によってさらに発展させられた。

エドワード=バーネット・タイラー卿

私が収集し分類した活動とは、〈残存〉と〈遺風〉という考えに基づくものだ

これは古い考えで、古代ブリトン人を説明するモデルとしてアメリカインディアンが利用された1580年代に初めて表面化したものだったのじゃ

古代ブリトン人

　タイラーもまた、現存する「未開人」を人類という存在の初期ステージの残存であると捉えた。

25. 安楽椅子からの眺め

『金枝篇：呪術と宗教の研究』(1890; 1907-15に加筆改訂) の著者ジェイムズ・フレイザー卿 (1854-1941) は、未開人の精神、宗教、呪術そして神話を構成する要素を立証した。

名誉職にすぎなかったとはいえ、私は、1907年にイギリスにおいて初めて〈社会人類学教授〉という肩書を持ったのだ

ジェイムズ・フレイザー卿

26. 進化主義の諸理論

　西洋の知的伝統における社会思想は、常に進化主義的であった。社会進化の階層は、黄金時代から青銅時代へ、そして鉄器時代へという三つの時代の移行についてのギリシア思想に由来する。

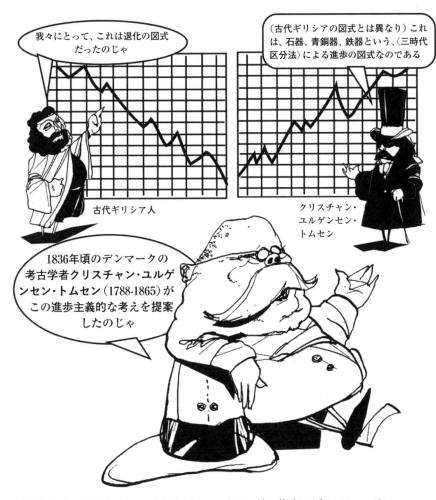

我々にとって、これは退化の図式だったのじゃ

古代ギリシア人

（古代ギリシアの図式とは異なり）これは、石器、青銅器、鉄器という、〈三時代区分法〉による進歩の図式なのである

クリスチャン・ユルゲンセン・トムセン

1836年頃のデンマークの考古学者クリスチャン・ユルゲンセン・トムセン（1788-1865）がこの進歩主義的な考えを提案したのじゃ

　啓蒙主義の影響によって、とりわけスコットランドの作家アダム・ファーガソン（1723-1816）の作品のなかでは、現存する社会と消滅した社会、その両方の社会的かつ政治的な構造と「黄金・青銅・鉄器」という時代とが比定された。それは「野生」・「野蛮」・「文明」の3層から成る構造に対応するためであった。未開の特徴は、そのなかの図式にただただ当てはめられた。

27. 生物学的なるものと社会的なるものの統合

　ダーウィンは、進化主義を発明したわけではない。彼は、生物学的進化という限定的な理論を紹介したにすぎない。生物学的進化主義は、生物学的な考えと社会的な考えとを統合することで、すぐに支配的なパラダイムとなり、社会進化論という概念の威力を生み出した。

　熱烈な社会進化論者であった**ハーバート・スペンサー**（1820-1903）は、ダーウィンよりも以前に人類の生物学的理論を探求した人物であった。スペンサーは、人類学の正統な祖先とみてよいだろう。

ハーバート・スペンサー

すべての現代人類学は、多かれ少なかれ進化主義的である。〈一般化〉、〈分類〉、〈類型化〉はいずれも、進化主義的な考えと階層的な関係とを暗示的ないし明示的に思い起こさせるものだ。

社会変化、変容、発展もまた、進化主義的概念を伴う考えじゃな

28. 伝播主義の理論

　伝播とは、一つの文化、人びとないし場所の、あるところから、別のところへの伝達のことである。伝播の本質は、「接触」と「相互作用」である。これはとても古い考え方である。16世紀から17世紀にかけて盛んに発達した、聖書的な説明の枠組みは、伝播主義的といえる。

東方学者（オリエンタリスト）の**ウィリアム・ジョーンズ卿**（1746-94）によるインド・ヨーロッパ語族の研究と、イギリスに定住したドイツの**マックス・ミュラー**（1823-1900）の研究に特にこの伝播主義は顕著である。ミュラーは、歴史比較言語学を進めただけでなく、すべての人間性は同じ精神構造を共有するという考えの支持者でもあった。言語学は、社会理論とりわけ人類学に重要な影響を及ぼしてきた。

伝播主義は、ミュラー以外のドイツの学者たちの最も重要な課題でもある。ドイツの地理学者**フリードリヒ・ラッツェル**（1844-1904）は、世界を二つの文化圏※に分けた最初の人物である。彼の研究はタイラーに影響を与えた。**レオ・フロベニウス**（1873-1938）と**フリッツ・グレーブナー**（1877-1934）の〈クルトゥールクライゼ（Kulturkreise）〉あるいは〈文化圏〉という概念は、ボアズに重要な影響を及ぼした。

　英国では、**グラフトン＝エリオット・スミス卿**（1871-1937）と**ウィリアム・ペリー**（1887-1949）が、その著書『太陽の子どもたち』（1923）において高度な伝播主義を定式として用いた。彼らは、太陽崇拝の古代エジプト人がすべての文明の起源であるという理論を前面に出した。また、スミスとペリーは、その独自の人類発祥の地として、聖書に書かれた祖先ヘブライをエジプトに置き換えた。そして、それまで優勢だった社会進化論に対抗する後衛の活動として伝播主義をさらに推し進めたのだった。

※【訳注】　(1) 文化が広がる地域と、(2) 文化そのもの、つまり抽象的な文化の域圏を区分した。たとえば (1) は「琉球文化」のように琉球語が話される島嶼で区切られている領域のことを、(2) は「照葉樹林文化」説のようにヒマラヤ、東南アジア北部、雲南から江南さらに東進して西日本まで広がるが、焼畑、陸稲、餅、納豆などの食物利用や漆器や鵜飼など生活技法がそのまとまりのなかで見られる領域である。

29. 人種というでっちあげ

　未開人は〈他の人種〉と切っても切り離せないどころか、実際は同じ意味だった。〈他の人種〉という概念は、未開人の概念を定義し、「未開状態」を研究するための手段を提供した。文明とは、白い人種が優越するように発達した唯一の〈環境〉を表す用語であったが、他のすべての人種は、社会進化論と人種的な階層における野生的で野蛮に満ちた初期のレベルに留まっていた。

現代人類学は、人種概念との争いから始まる。現代人類学は、人種主義をその知的起源において糾弾し、人種主義に数々の起源を提供した圧倒的多数の人種主義者の研究・記述を疑問視する。

41

30. フィールド研究調査

　歴史の時代の人類学と専門的職業としての現代人類学を切り分ける境界線は、憶測から経験科学への移行である。

人類学のあらゆる学派にとっての
実質的な共通基盤は、文化の科学的研究
なのである

ブロニスロー・マリノフスキー（1884-1942）

　これは人類学をどこで行うかの違いなのだ。つまり、安楽椅子、哲学者の象牙の塔、植民地のベランダから離れ、〈未開〉の人びとが暮らすフィールドへと足を踏み入れるのである。

フィールドでは、経験主義的な探究によって、新たな経験的証拠がもたらされることがある。このことが、異なる文化を説明し、単なる憶測ではない人間の類似性と差異の比較を可能にすることになる。

ある一点を除いて、連中が俺らに信じてほしいのはこのことさ。その一点とは何か、説明してみてよ！

人類学者をフィールドまで連れていった理論と体系化の原理は、その人類学者の祖先たち——よく知られているものもそうでない祖先もあるがその両方——から受け継がれているものである。

31. 人類学の系譜

人類学をかたちづくる研究分野は四つある。(1) 自然人類学、(2) 先史考古学、(3) 言語学、そして (4) 文化 (社会) 人類学である。

自然・生物人類学

考古学

言語人類学

社会・文化人類学

アメリカ合衆国のほとんどの大学では、これらすべてを学生に紹介するのである。だがイギリスではそのようにする大学はほとんどなく、その代わりに社会人類学だけに集中させるのだがな

かなり多くの人類学者は、社会人類学の分野で仕事をしている。アメリカ合衆国では、人類学を文化人類学ないし民族学 (ethnology) と呼ぶ。民族学は、人類学が大学での学問になる以前にイギリスの人類学者が用いていた名称である。

社会人類学か文化人類学かという下位の領域の名づけは、イギリスとアメリカ合衆国それぞれの国の伝統の具体的な成り立ちによるものなので、それは歴史的遺産といえる。さまざまな国家には各々の人類学的視点に依拠する、それぞれが強調する独自の差異とそれぞれ異なった命名法があるのだ。

32. 自然人類学

　自然人類学（形質人類学ともいう）は、人種の研究から始まった。測定器を手にした「身体計測学者」は、頭のサイズを測り、これを分類するという、彼ら好みの仕事に着手した。

そして墓場から頭骨を盗んだのじゃ。そこのところお忘れなく！

自然人類学者

　自然人類学の目的は、形質的なるものが示す人種の違いを証明し、人間の起源と文化的多様性についての人種主義的理論を擁護することだった。

33. 多元説〈対〉単元説

　自然人類学の大きな論争は、多元説論者と単元説論者とのあいだのもので
あった。単元説は古く、人は皆同じ祖先を持つというもの。多元説は、後から
出た考え方で、異なる〈人種〉の起源をそれぞれ異なる祖先に求める。これは、
アメリカ先住民の起源を説明するために考案されたものであり、[アメリカ先
住民と白人が同じ祖先から由来したことを嫌った] **アイザック・ラ＝ペイレール**
（1594-1676）によって最初に着想されたものである。

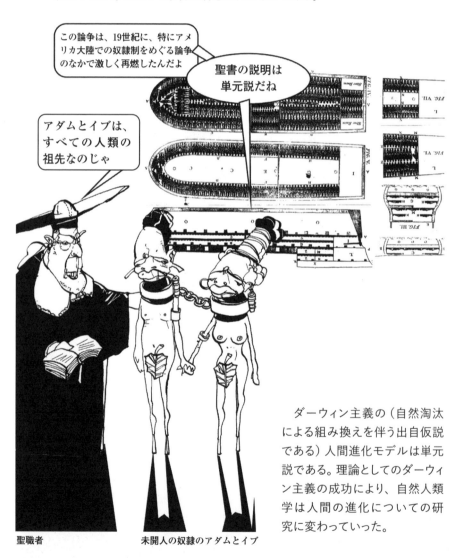

この論争は、19世紀に、特にアメ
リカ大陸での奴隷制をめぐる論争
のなかで激しく再燃したんだよ

聖書の説明は
単元説だね

アダムとイブは、
すべての人類の
祖先なのじゃ

聖職者　　　　　　　　　　　未開人の奴隷のアダムとイブ

　ダーウィン主義の（自然淘汰
による組み換えを伴う出自仮説
である）人間進化モデルは単元
説である。理論としてのダーウィ
ン主義の成功により、自然人類
学は人間の進化についての研
究に変わっていった。

34. 人間生態学と遺伝学

　自然人類学には分類研究が含まれる。つまり、それは霊長類（猿）と現代人の歯列の違いから比較解剖学と比較生理学までに及ぶ。人間生態学と遺伝学は、どちらも自然人類学の分野に含まれる。

　人類学における遺伝学は、異なる「人種」※集団の遺伝的多様性に関わっていたが、やがて、この研究は生物遺伝学の成長によって人気を失っていく。

※【訳注】　人種の概念は学問的に否定されているので、ここでの「人種」は、人の集団の生物的な違いのことをさしている。

35. 社会生物学の発展
ソシオバイオロジー

　自然人類学は、人種主義との関連性が指摘され、また現代生物科学の台頭もあり、やがて時代遅れとなった。しかし、1970年代から1980年代にかけて、人間行動の遺伝的基盤の研究である社会生物学の発展をとおして再び流行した。

人類学における社会生物学との関わりとその意味は、現在の論争※の主題となっているんだね

そして

つまり、認めたくない歴史のすべてが自らにはね返ってきてるんだな

※【訳注】　いわゆる「氏か? 育ちか? 論争」といって、社会生物学は人間の本性が遺伝子によって決まると主張するのに対して、迎え撃つ人類学は文化の学習という後天的要素を考えるべきだと反論する。

アフリカの男性

36. 遺伝子仮説により再び注目される人種

　遺伝子中心理論は、19世紀に重要な政策とされた未開に関する思想を取り戻しつつある。それは人種の新たな再編成を促す行動決定遺伝子という理論を伴って登場したからだ。初期人類の行動モデルは、今や遺伝的行動の一つだと見なされるようになった。

アフリカのサバンナにおいて発生する「進化的適応の環境（EEA）」に関心が持たれているからじゃ

そして

伝播主義に色濃く影響を受けた人類の進化についての研究には「アフリカ起源」論があるんじゃ

37. 初期人類学とのそれ以外のつながり

　遺伝子は集団（個体群）のなかで研究される。人口集団の最重要課題は、「交配」と「生殖コントロール」である。〈未開社会〉という概念と未開の特徴を構築するために最初に利用されたのが、家族であり親族であったのはまさにこのためなのだ。

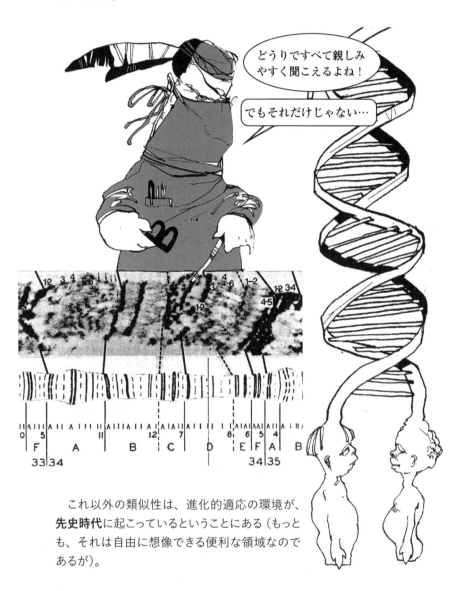

　これ以外の類似性は、進化的適応の環境が、**先史時代**に起こっているということにある（もっとも、それは自由に想像できる便利な領域なのであるが）。

38. 考古学と物質文化

　考古学と人類学には、文化と社会の起源、そして文明の発達を説明するという共通の関心が見てとれる。物質文化は、それぞれの社会の財の生産技術や生産手段について人類学者が研究する分野である。この分野は、陶器をつくる技術からラクダを去勢する50の方法まで、さまざまな技術に関する研究である。

39. 人類学的言語学

19世紀から20世紀のほとんどのあいだ、「言語学と人類学」は、「人類学と考古学」と同じような関係を結んでいた。つまり、言語とその歴史的発展との関連性を解明すべく、未知の外来の言語を研究するという共通の関心を共有していたのである。

当時の言語学は、変形と生成の諸理論（transformational and generative theories）により大きな革命を経験したのだ

とりわけノーム・チョムスキー（1928-）は、すべての言語の根幹をなす基礎、つまり〈普遍的文法〉の発見を目標としたのじゃ

ノーム・チョムスキー

人類学的言語学は、言語学の概念と理論を借用している。このような言語学モデルは、社会を〈コミュニケーションの体系〉と見なす構造主義者たちや、言語を思考様式の基盤だと考える認知社会人類学者たちによって、文化・社会行動のモデルとして使われるようになる。

40. 社会人類学あるいは文化人類学

〈社会〉人類学であろうと〈文化〉人類学であろうと、それらは（どんなものでも理論化する）グランドセオリーの学問分野の中心領域である。そこには、文化的多様性の研究、文化的普遍性の探究、機能する全体としての複数の社会の研究、社会構造の研究、象徴（symbolism）の解釈、その他多くの研究が含まれる。

41. 文化とは何か?

　アメリカ合衆国の文化人類学とイギリスの社会人類学との主な違いは、人類学者の研究対象である〈全体〉としての文化に焦点を当てているのか、あるいは文化がそのなかではたらく〈全体〉としての社会、その構造や組織に焦点を当てているのかの違いである。大西洋の両側で、文化についての膨大な定義が存在する。1952年にアメリカ合衆国の優れた人類学者**A.L.クローバー**（1876-1960）と**クライド・クラックホーン**（1905-60）が（それまでの学者が使ってきた）100を超える定義を引用している。

とはいえ、すべての人類学者に馴染み深いのは、『原始文化』（1871）のなかでのE.B.タイラーによる定義であり、この書は正典といえよう

エドワード=バーネット・タイラー卿

文化とは、人が社会の構成員として獲得する知識、信念、芸術、法、道徳、慣習やその他あらゆる能力や習慣を含む、すべての複合的全体なのである

タイラーにとって、文化は単数形の用語である。つまり文化は、単純なものから複雑なものへという進化的進歩において、すべての人間社会がそのなかで発展する領域であった。

今日、文化という概念は、ヘンリエッタ・ムーア（1957-）がそういうように…

権力のフィールドのなかにある、異議を唱えられる表象と抵抗からなる一連の場所（サイト）ね

ヘンリエッタ・ムーア

　アメリカ合衆国の人類学者ロイ・ワグナーは、「文化の中核は……精神から精神へと直接的に伝達することはできないが、引き出され、輪郭を示し、描写されることによって伝達可能となる心象と類似性の、首尾一貫した流れである」と主張する。さらに、文化的意味は、集合的な表象の安定したシステムであるというよりもむしろ、「絶えず続く、絶え間ない再＝創造からなる流れのなかに生きている」という。

42. 専門領域の増加

　（なんでもかんでも記してしまう）文化の特徴についてのタイラー流の〈お買い物リスト〉は、社会人類学あるいは文化人類学のもとに集められた専門下位領域について説明するときには今でも役に立つ。なぜなら、社会組織、経済、政治、芸術、宗教、法、親族研究など、ありとあらゆるものが詰まっているからだ。

まずは、応用人類学、行動人類学、認知人類学、批判人類学、開発人類学——それにフェミニスト人類学、マルクス主義人類学、医療人類学を経由して——象徴人類学、映像人類学までという具合にである。これらの境界は、下位の分野、トピック、あるいは理論的なものとして区分けされている。

43. エスノグラフィーの根底にあるもの

　文字どおり文化を「書く」こと、つまりエスノグラフィーは、すべての社会人類学／文化人類学の基本的な実践であり、そこにはフィールドワークと、真偽のほどは保証できないが〈客観的で科学的な観察〉が含まれている。エスノグラフィーは、人類学に対して生（なま）の研究素材を提供する。それこそが人類学の存在理由であり、この学問の主要な概念的かつ方法論的名声を主張しうるところの「参与観察」を成立させている。そしてそれは、文化比較、一般化、そして人類学理論の根底にあるものなのだ。

44. エキゾチックなもの[※]を記述する

　　特定の地域やそこに暮らす住民についてのエスノグラフィーは、人類学のより下位にある細かく専門化された領域である。主要な例としてメラネシア、西アフリカ、オーストラリアのアボリジニ、アマゾンの先住民がよく知られている。「エキゾチックな」人びとについて書くことが、人類学の言語をかたちづくっていった。エスノグラフィーのかたち、内容、問いや関心は、人類学における長年の論争と変化を記録する。

※【訳注】　エキゾチックは「異郷趣味」とも訳されて、自分たちの文化と異なる外国の風物や人間に興味を持つこと、それ自体のことをさす。ここでは形容詞のエキゾチックが定冠詞のtheを伴って「エキゾチックなもの」という意味で使用されている。エキゾチズムは文化人類学者がフィールドに出かけるための原動力だったが、なぜ自分がそこに行けて、相手が我々の国にやってこない／これないのかということに無反省であった。そのため1970年代以降の人類学においてはこの「異郷趣味」は批判に晒されている。

過去に書かれたエスノグラフィーが、自然に消えてなくなることはないよね。それらは思い出され、他の人類学者の思考と行動を豊かにするのさ

　　エスノグラフィーの重要性は、現代人類学の二人のお偉方、すなわちフランツ・ボアズとブロニスロー・マリノフスキーの両名により強調されたともいえる。

45. フランツ・ボアズ

アメリカ人類学の創始者**フランツ・ボアズ**（1858-1942）は、ドイツのミンデンに生まれ、最初は物理学と地理学を学んだ。1883年に彼はカナダ北部の北極圏にあるバフィン島への探検旅行に参加し、イヌイット[※]（かつてのエスキモー）のなかでフィールドワークを開始した。

> ※【訳注】 カナダにおける北方先住民はファーストネーションズと呼ばれ、イヌイットはその民族集団の一つである。イヌイットはカナダ以外にも居住地（テリトリー）を持つが、アメリカ合衆国の北方先住民は今でも公的に（カナダでの旧名称である）エスキモーと呼ばれている。

3年後、私はブリティッシュコロンビアのクワキウトル^{※※}についての調査を始めたのだ

フランツ・ボアズ

※※【訳注】 クワキウトルは現在ではクワクワカワクと呼ばれている。

　1896年にボアズはニューヨーク州のコロンビア大学に就職し、3年後の1899年に同大学の最初の人類学教授となった。その後37年間にわたって彼はこの職を務めることとなった。ボアズは、アメリカの次の世代の人類学者の大部分を教育したことになる。

46. ブロニスロー・マリノフスキー

ブロニスロー・マリノフスキー（1884-1942）は、英国人類学の創始者だと見なされている。彼はポーランドのクラクフに生まれ、イギリスで人類学を学ぶ前は、母国で数学と物理学を学んでいた。彼は、ジェイムズ・フレイザー卿の『金枝篇』を読んだことで、人類学への関心をあたかも運命のように感じたのだ。

1915年から1918年のあいだ、第一次世界大戦中の敵国外国人として文字どおり〈抑留〉されていたときに、南太平洋のトロブリアンド諸島の研究のために30か月の時間を費やし、そのあいだにフィールドワークのために3回現地を訪問したんだよ

ブロニスロー・マリノフスキー

英国へ戻ると、マリノフスキーはロンドン・スクール・オブ・エコノミクス（LSE）での職を得て、1927年にLSEの初代人類学教授に任命された。

マリノフスキーは、英国の第一世代の人類学者の多くを教育した。

マリノフスキーと私は、
次の三つの点で
意見が一致していた

1) 参与観察を重視すること
2) 研究対象の社会に長期間身を置くこと
3) 現地人の言語を使用すること

フランツ・ボアズ

しかし、ボアズが文化の細かい
ディテールを強調するのに対し、
私は、個人が関わる社会組織の
機能を強調したのだ

ブロニスロー・マリノフスキー

61

47. フィールドワーク

　エスノグラフィーを生み出すために人類学者はフィールドワークを行う。フィールドワークは、人類学者をつくり出す**通過儀礼**なのだ。フィールドワークの最も古い入門書は、1874年に出版された『人類学におけるノートと質問（通称：ノートと質問、N&Q）』である。『N&Q』は英国科学振興協会によって出版された。その書の「文化」についての部分は、E.B.タイラーによって執筆された。

『ノートと質問（N&Q）』の各ページ冒頭の表題と質問項目は、かつての人類学がたどるべき行程を記した地図だったのじゃ

『N&Q』は、英国王立人類学協会（RAI）によって1951年に改訂版として編集された。

48. フィールドワークにおける人類生態学

　フィールドワークへ出かける際、最初に知っておかなければならないことは、ある民族がどこに暮らし、その居住環境がどのようなものなのか、そしてどのような生業基盤と経済が営まれているのかということである。

狩猟採集

　南アフリカのクンやサン（ブッシュマン）、中央アフリカのネグリト（ピグミー）、東アフリカのハッザ、オーストラリアのアボリジニ、アンダマン諸島民、イヌイット（エスキモー）、アルゴンキン語派（クリーなど）やカナダのその他の集団がこれに類別される。

漁労

　クワクワカワク（クワキウトル）や北アメリカの北西岸のその他の集団においてそうであるように、おそらく狩猟採集社会の基礎となる。

牧畜民あるいは遊牧民

家畜に依存する人びと。具体的には、西アフリカのトゥアレグとフラニ、ヌエルとマサイ、また西アフリカのその他の集団、中東のベドウィン、北ヨーロッパのサーミ（あるいはラップ）などがここに類別される。

定住農耕民あるいは栽培農耕民

アフリカの大部分、南アジア、東南アジア、ニューギニア、アマゾンの大多数の民族、オジブワと北アメリカのその他の北東集団、ホピ、ナヴァホ、プエブロ、またその他の南西アメリカの集団、南ヨーロッパの農民共同体（コミュニティ）がここに類別される。

社会がどのように環境を利用するのかを理解することは、季節の周期を調べ、その社会において環境がどのように理解されているのか、共同体（コミュニティ）の構成員間でどのように分業がなされているのかを問うことを意味する。また、生計を立てること、つまり仕事に関係する儀礼や儀式にまつわる信念と実践は何かということを見つけ出すことを意味する。

イヌイット

狩猟採集民は、
農耕民よりも余暇時間がある。

私たちは自分たちの環境を
「贈り物」だと考えるんだよ

イヌイットは40以上の雪を区別して理解するのじゃ

ヌエルは、さまざまな種類の牛を
さし示す100種類以上もの用語を
持っているのじゃ

アフリカでは、農作物のための田畑を整
えるのは多くの場合は男だけど、田畑を
耕すのは女なのよ

アフリカ
農耕民の女性

男は狩猟者
なんだけど、私たち女が
ほとんどの食べ物を集め、
食生活の頼みの綱を
提供するのよ

66

物質文化と技術は、環境を開発するために、そこで生業や経済を成り立たせるために、極めて重要な要素である。

ベドウィン

ここは、睾丸をかみ切ることを含めてラクダを去勢するための50の方法が存在するんだ。さあさあ、テントへお入りなさい

しかし、それ以外にもたくさんあるんじゃ。たとえば、鉄と鋼鉄の道具と比較した際の、石器の相対的な利便性と生産性などな

モノをつくり出す技術、たとえばボートの建造などは、技術自体に信念や儀式、儀礼や規制を宿していることがある。

49. 生態人類学

　ジュリアン・H・スチュワード（1902-72）は、『文化変化の理論』（1955）において生態人類学を提唱した。彼は、環境と技術が、文化の社会組織を決定する際の重要な役割を果たしていること、そしてこの二つが進化主義的枠組みと相互関係を築いていることを指摘した。

生態人類学の主要な概念は…

ジュリアン・H・スチュワード

適応：環境的ストレスに対処する能力。

生業手段：漁業、狩猟、採取、遊牧あるいは農業などの、環境を開発する方法（メソッド）。

生態的ニッチ：特定の環境において利用される資源一式。異なる人びとが同じ環境において異なる生態的ニッチを開発する可能性あり。

環境収容力：特定の環境下で存在できる、特定の生業手段に従う人びとの最大数のこと。

50. 経済という問題

　食糧と財がどのくらい生み出されるのかは、経済がどのように組織されるのか、余剰が生まれるのかどうか、そしてその余剰はどうなるのかといった問いにつながる。経済資源へのアクセスおよびその分配は、まったく異なる原則によって決定され、儀礼や儀式にまつわる関係性と関わっていることが多い。

土地へのアクセスを有するということは、親族、家族のメンバーシップあるいはその集団のあり方に依存する場合が多いということなのだ

モノとサービスの生産も、親族や出自に基づいていることが多いのである

モノの交換は、社会における力と影響力の獲得に関係している場合が多いのだ

　次ページ以降に示す「ポトラッチ」、「ビッグマン」、「クラ」は、前資本主義社会において経済概念がどのようにはたらくのかということを示す三つの事例である。

51. ポトラッチ儀礼

カナダ西海岸のクワクワカワク社会は余剰を生み出す。これは大きな儀礼を開催するために利用され、ある親族集団によって生み出された余剰が儀礼の場で他の親族集団に分配される。生産物の分配を同等にし、与える側に名声を付与するのである。

受け取った側には互恵的な義務が付与されるのさ

私たちは、将来のある時点で、ポトラッチを開催する義務を負うんだ

クワクワカワク

儀礼の名称になっている「ポトラッチ」という名称は、儀礼のためのさまざまなモノと一緒に破壊されることもある真鍮製の皿のことである。

52. ニューギニアの「ビッグマン」たち

　ニューギニアでは、余剰の経済資源（特に豚）は、蓄財され、贈り物として分配される。

豚を贈ることで、贈る側つまりビッグマンの個人的名声と政治的影響力を増大させるんだ

ニューギニアの男性

ニューギニアの男性

そして、クワクワカワク同様、受け取った側には返礼などの義務が生じるんだよ

※【訳注】　「75. 政治と法」(101ページ)も参照。

53. クラ交換

　西太平洋のトロブリアンド諸島の島民たちは、交換の範囲を広げて、その範囲の内側で腕輪（ムワリ）を首飾り（ソウラヴァ）と交換する。交換は、首長とそれ以外の有力者によって行われ、交換が行われるごとに地位が授与される。

ソウラヴァ

島々

ムワリ

島々

規則的な交換の周期があり、財は、島々の集まりの外側を特定の方向に旅することになるんじゃな

そして

そのときには、他の生産物も交換されることになる

54. 経済人類学

　フランスの人類学者**マルセル・モース**（1872-1950）が1925年に出版した『贈与論』は、経済人類学の土台を築いた。モースは、贈与は決してタダ（無償）ではないこと、つまり贈与は、（1）与えねばならない、（2）受け取らねばならない、（3）お返しせねばならないという三つの義務を生むことを指摘した。

マルセル・モース

55. 交換と交易のネットワーク

　交換は、市場を介して行われ、広域的な交易のネットワークを巻き込むことが多い。西アフリカや東南アジアの例のように、女性はしばしば交易の重要な担い手となる。

メアリー・ダグラス

交換媒体としてのおカネは、さまざまなかたちをとり、単なる通貨以上のことを意味することも多々あるのよ

　メアリー・ダグラス（1921-2007）は、コンゴのカサイに暮らすレレの人びとについての研究のなかで、レレがラフィアヤシの布を交換のために編んでいる一方で、近隣集団の人びとはその布を衣服として使うためだけに編んでいることを示した。つまり、レレにとってのラフィアヤシの布は、次に示す四つの異なる機能を果たしていた。

（1）衣服としての利用。
（2）公式の贈与、あるいは親族間での自分たちの地位を得るための財としての利用。
（3）親族以外のあいだで交換される財の価値を決めるための貨幣としての利用。
（4）鍬から陶器までのさまざまな財を他の人びとから獲得するための交換においての利用。つまりレレにとっては貨幣で、受け取る側にとっては財の交換物としての利用。

56. 形式主義者と実体主義者の論争

　経済人類学の大きな論争は、経済学の「法則」が普遍的かどうかという問いをめぐる、形式主義者と実体主義者間の論争である。

形式主義者は、経済学は科学であり、経済人類学とこの学問とは大いに関係があると主張する。経済的合理性は、基本的な「法則」である。人びとは、自らの最大の利益となるものを選択し、そうではないものを拒絶する。

形式主義者

> 形式主義は、根本的に異なる文化と文化を比較することを可能にするのだ

実体主義者は、経済の普遍的な「法則」とりわけ「経済的合理性」という考えに反対する。その代わりに、経済は文化のなかに埋め込まれていると主張する。交換にはさまざまな面があるが、それらはさまざまな社会でそれぞれ異なったはたらきをする（と主張するのだ）。

実体主義者

> 交換と労働に対する異なる態度があって、異なる社会においては、同じ財に対しても異なる価値概念を付与しているのよ

経済史家の**カール・ポランニー**（1886-1964）は、『初期帝国の交易と市場』（1957）において、経済の〈実体主義〉と〈形式主義〉とを区別した。まず〈実体主義〉は、経済は自然環境や社会環境に《埋め込まれた》関係であると考える。そして〈形式主義〉は、手段と目的のあいだに経済合理的な論理的関係がある（＝古典派経済学の理論で説明できる）、と考えるのである。

これら二つの関係は、はたして対置されるものなのか、それとも、これらのあいだに相互関係があるのじゃろうか？

経済人類学

初期帝国の交易と市場

エドワード・E・レクレアとハロルド・K・シュナイダーが編集した『経済人類学』（1968）は、この論争をもとに両方の立場からの論文や抜粋を集めた古典の論集である。

57. マルクス主義人類学

　形式主義者の立場も実体主義者の立場もともに、マルクス主義人類学の批判の対象であるが、実際にはマルクス主義人類学も両方の立場を兼ね備えている。資本主義社会を説明するために発展した基本的なマルクス主義の概念を、前資本主義社会の研究に導入するのがマルクス主義人類学なのだ。

生産様式：採集、封建制、資本制
生産手段：狩猟、漁労、農耕
生産関係：上述の活動がどのように組織されているかということ

マルクス

マルクス主義人類学は、経済を人間の社会生活の根本だと見なしている

しかし、マルクス主義人類学は、生産様式が（しばしば権力関係で表される）特定の社会関係を意味し、それにより特定の社会形態と文化的抑制が必然的に伴うことも認めてもいるのじゃ

58. マルクス主義的進化主義の見方

マルクス主義は、**矛盾**というダイナミックな概念に依拠した進化主義的なものの見方である。マルクス主義は、生産様式が崩壊し、歴史的により進歩した様式への**変容**を生む可能性を示すものである※。

さまざまな生産様式は、しばしば「**節合の過程**」にある。つまり、前資本主義経済は、資本主義経済の内部あるいはその関係において作動していて、またそうであるように研究されるべきなのだ。

※【訳注】 マルクス主義のこの思考法は史的唯物論（historical materialism）といい、1970〜80年代の人類学理論にさまざまな影響を与えた。

マルクス主義の考えに影響を受けた人類学者は、「他者の」文化を、植民地主義やグローバリゼーションとの関係において、あるいは世界システムの一部として研究するようになっているのじゃ

つまりお前たち人類学者は、現実の世界がどのように作動するかに気がついたんだね？

経済人類学は、現在「事物の社会的生活」の研究として要約されているが、これは1986年にアルジュン・アパデュライが編集した論文集の書名でもある。この論文集では形式主義的な経済アプローチというよりも、それぞれの社会的文化的文脈のなかでの経済活動——すなわち実体主義的側面——を描写し理解することが試みられている。

59. 世帯という単位

　世帯は、社会を構成する最も重要な単位であり、人類学者がフィールドワーク調査を始める第一歩となる。

世帯は、社会の小宇宙であり、文化が実践される場所と見なされたり

あるいは

生物学的性別（セックス）、社会的性別（ジェンダー）、家族というものを調べることができる家の内部＝ドメスティックな領域と見なされてきた

　誰が世帯の構成員なのか、どのように世帯が組織されるのか、世帯それ自体をどのように養い、どのように必要なモノやサービスを提供するのかを問うことは、人類学者に生態、経済、家族、親族から、政治、宗教、慣習、儀礼的象徴といった、より規模の大きな社会組織に至るまであらゆる領域への関心を呼び起こすのだ。

60. 家族の形態

異なる社会には異なる家族のかたちが存在する。

核家族
結婚した夫婦とその子どもからなる。

複合家族
一人の男性※、彼の複数の妻あるいは内妻、そしてその子どもからなる。

合同家族
ある兄弟集団とその妻と子どもの同居。

拡大家族
近い親族関係の核家族の集まりで、そこには祖父母、両親、子どもが含まれるものがある。
　この用語は、都市の環境下で、同居はしないものの近しいつながりを維持している集団にも用いられる。

家族のさまざまなかたちは、家族の成員で認められているさまざまな権利と義務の広がりを示すものなのじゃ

※【訳注】　男性中心主義のように思えるが、複婚制（polygamy）をとる人類社会のうち民族社会の数では、約80％が一夫多妻制（polygyny）で、一妻多夫制（polyandry）は1％にも満たない。

61. 婚姻紐帯

　婚姻※は、家族を生み出すための出来事（イベント）である。私たちは、婚姻のさまざまな型を認めることができる。

※【訳注】　Marriageは結婚のことであるが文化人類学では結婚後に続いている社会関係のことを意味するので婚姻と訳すことが多い。

単婚（monogamy）
一人の男性と一人の女性間での婚姻。

一妻多夫制（polyandry）
一人の女性と二人以上の男性間での婚姻。多くは、男性どうしは兄弟関係にある。

一夫多妻制（polygyny, polygamy）
一人の男性と二人以上の女性間での婚姻。

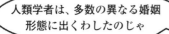

人類学者は、多数の異なる婚姻形態に出くわしたのじゃ

幽霊婚・冥婚（ghost marriage）
すでに死んだ者※※との婚姻。

※※【訳注】　幽霊婚は未亡人（寡婦）の状態ではなく、多くは未婚の女性がすでに死んでいる人と婚姻関係を結んでいる婚姻である。実際は死亡した者の兄弟のうち生きている男性と同居していることもあるが、その子は死んだ男性とのあいだの子と認定されている。

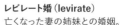

レビレート婚（levirate）
亡くなった妻の姉妹との婚姻。

女性婚（woman marriage）
二人の女性間での婚姻※※※。

※※※【訳注】　今日で言われる同性婚以前に、母親から生まれた子を結婚関係にある夫婦から生まれた子として認定するために行う婚姻のことをいっていた。女性の同性婚同様に精子を提供する男性の存在がある。

62. 婚姻の契約にかかる支払い

　婚姻の契約をすると、花嫁と花婿の家族あるいは親族集団間で2種類の支払いが行われる。

婚資（bridewealth）は、花婿とその集団から、花嫁の集団への支払いのことをいう

持参金（dowry）は、花嫁の集団から、花婿の集団ないし夫婦への支払いのことをいう

世帯や家の内部の領域は、女たちの場所と見なされていた。1930年代にオーストラリアのアボリジニのあいだでフィールドワークを行った**フィリス・ケイバリー**（1910-77）は、女性たちを「能動的な主体（active agent）」として描いた。彼女のオーストラリアと南アフリカでの調査結果は、ジェンダー研究に焦点を当てたフェミニスト人類学の台頭を導いた。

この種の前提を考え直すことで、それまで人類学が扱っていた、世帯、ジェンダー、セックス、身体、人間関係、自己（セルフ）についての考え方への革命的な見直しがなされるようになったのよね

人類学者のあいだでの男性のバイアスを、女性の人類学者たちは、暴露することになったのよ

アボリジニの女性

フィリス・ケイバリー

63. 親族研究

　親族研究は、人びとが互いにどう関わり合っているのかということや、親族関係がつくられるさまざまな方法、親族集団や親族の地位に付随する機能についての研究である。

ロビン・フォックスによると、人類学にとっての親族研究は、哲学にとっての論理であり、芸術にとっての裸体なのじゃ。つまり、主題についての学問なのじゃ

そして

親族研究は、人類学に研究する主題を与える思想でもあるのじゃ

親族と婚姻

社会人類学入門

※【訳注】　英語版では親族交換の数学的モデルの数式があり、スケッチの男性（1910年ごろのパブロ・ピカソか?）の性器が隠れていた。ここでは原画をそのまま掲載する。

64. 親族を表す暗号＝記号※

　親族の系譜図は、複雑な暗号に見える。なぜなら人類学者は、社会全体を秩序立て、説明する「記号」として、親族がまさにそのように機能すると考えたからである。

※【訳注】　「暗号」も「記号」も英語ではコード（code）という。

〈親族のシンボル〉は以下のように表現する

F＝父親、M＝母親、P＝親
B＝兄弟、Z＝姉妹、G＝キョウダイ
S＝息子、D＝娘、C＝子
H＝夫、W＝妻、E＝配偶者

e＝年長、y＝年少
ss＝同性、os＝異性

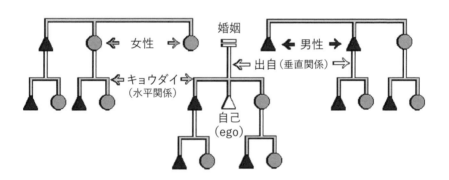

親族は、単純な生物学以上のものであり、生物学そのものとも区別される。マリノフスキーがかつて議論したように、いくつかの社会では、たんに生物学的受胎のみが親子関係をとり結ぶ手段だとは考えられていない。

トロブリアンド島民

トロブリアンド島の妊婦

人類学者がつくった専門用語

ジェニター（genitor）＝文化的に承認されている生物学上の父親

ペイター（pater）＝（義父を含む）社会的な父親

ジェニトリクス（genitorix）＝文化的に承認されている生物学上の母親

メイター（mater）＝（義母を含む）社会的な母親

65. 類別的親族

異なる社会では、異なったかたちで親族関係を理解し、異なった名称をつける

そして

このことは**類別的親族**という用語法として知られている

ブロニスロー・マリノフスキー

　たとえば、自分の兄弟のグループの子どもたち同士は、お互いに兄弟と姉妹だと見なされることがある※。その人物が占めるところの類別的親族は、結婚可能な相手あるいは結婚すべき相手や相続の権利、家族や社会へのその他多くの義務を決定する際に重要である。

※【訳注】　これは自分の父方のいとこをすべて「キョウダイ」いう呼称で呼ぶ社会があるという意味である。また「その人物が誰と結婚できるのか」という規則（ルール）は、自分の両親から生まれた「キョウダイ」とは結婚できないが、自分の父方の「キョウダイ」とは結婚できる、ないしは、しなければならないという規則のことである。

66. 擬制的親族

　類別的親族とは別に、擬制的親族（fictive kinship）も存在する。キリスト教の洗礼における代父母（ゴッドペアレント）は、擬制的親族であり、子どもの儀礼的なスポンサーとしてだけでなく、子どもの後の人生の社会的なスポンサーとしてとても重要である。それは実際の家族内の緊張を伴う関係の外側でリラックスした関係を提供するという意味でも重要なのだ。

　コンパドラスゴは、代父母と子どもの両親とのあいだの擬制的親族の関係をさし、コンパドレどうしは、互いに扶助や金銭の貸借を行うなど、不測の事態において助け合い、宗教的祭礼（たとえば堅信礼）のときに支援する。

擬制的親族関係というものは一様ではないんだね

そして

両親は、より高い地位にある人物に擬制的親族を求め、そうすることで彼ら自身とその子どもの利益を増やそうとするんだね

聖職者

親族のパターンや体系を築こうとする関係性を図式化するとこんな感じ

67. 出自理論

　親族集団あるいは出自集団は、係累的な原則に合わせて世代を越えて人びとをつなぐ。これが出自理論（decent theory）の基礎である。名前のついた共通ないし一番最初の始祖から線的な出自をさかのぼるすべての人が**リネージ**※をかたちづくる（またはそう呼ぶ）。出自をたどることとリネージのつくられ方にはさまざまな原則がある。

※【訳注】　リネージは系譜関係を具体的にたどることができる集団。クランは系譜関係を具体的にたどれなくても、名前やトーテムなどを手掛かりにして同族だとみなしている集団（つまり族内婚が禁止される集団）。

父系出自は、父からその父、父の父の父などというように決定されるものをいう

ざっと数えて認識できる世代がどれくらいなのかに応じてな

集団の男の構成員の子どもも、その性別が男であれ女であれ、その集団の構成員になるんじゃ

母系出自は、母からその母、その母からまたその母へとさかのぼるものである。その子孫は、同じ女性の系譜上にあるすべての人びとである。母系制は父系制よりも一般的ではないものの、世界のいろいろな地域の多くの社会にある。母系制は、力や権力が女性によって行使される**家母長制＝母権制**（matriarchy）とは区別されなければならない。

母系出自社会でも、力と権力はやはり男性によって行使されるのである

また

母親の兄弟が母系出自集団の男たちの頭（カシラ）となる

つまり、母系制であっても父親の存在が軽んじられるわけではないということじゃ

権力

　二重出自（double descent）：まれに起こるが、この体系では、人は二つの親族集団（父系制と母系制の両方）に帰属する。ただし、ある親族がもう片方の親族体系への義務を負うという調和的認知関係（complimentary filiation）とは区別されなければならない。

　共系的（cognatic）あるいは**双系的出自**（bilateral descent）：人は母親の家族と父親の家族の両方に関係し、強い父系集団も母系集団も持たない。

68. 婚姻と居住の規則

親族構造は、婚姻の相手として誰が適し、誰が好ましいかという婚姻の規則に基づいているんだ

そして

親族は、婚姻関係の夫婦がどこに住むべきか、夫ないし妻のうちどちらの親族と暮らすべきかという居住規則をも決定するんだね

夫方居住 (virilocal residence)：妻が夫の居住地に引っ越し、父系親族集団をつくる。

妻方居住 (uxorilocal residence)：夫が妻の居住地に引っ越す。これは、母系の女性たちが引き続き一緒にいることを可能にする。

オジ方居住 (avunculocal residence)：夫の母方の兄弟との居住は、母系で関係する男性たちから成る村をつくり出す。

新郎

69. 親族用語

　親族の研究では、権利と義務、職務と責任が、具体的な親族用語とどのような関係になっているのかを問うことが要求される。そのような用語が付与された親族関係にある人びとのあいだでは、どのような種類の行動が適切であるとされているのだろうか?

　〈親族用語〉は、人類学者たちによって、社会の多くの政治的、経済的、宗教的行動を構造化するものであると考えられてきた。それは社会のより重要な制度であった。

　親族は最も強固な
社会的つながりで、未開社会が秩
序を維持し、社会的結合を
形成する方法なのじゃ

　あるいは、人類学者の君がそれを発見したいと期待したものだったから、その意味でやはり「発見した」のかもね。ちょうど、歴史が予告されていたとおりに実現するようにね!

70. 親族の"効用"とは何か?

　「単系出自理論」と、その帰結としてこの理論によって調査され概念化される社会に関する研究方法は、激しい論争の的となった。H.W.シェフラーは、1966年の論文「人類学における祖先崇拝あるいは親族と親族集団に対する考察」において〈出自〉は異なる民族だけでなく同じ民族のあいだでも大きく異なる目的で利用されたのであり、統合された集団構造に向かうものではなかったと指摘した。

次ページでみるように、親族を理解するためのまた別の候補がすでに人類学に登場していたんだよね

71. 縁組理論とインセストタブー

　縁組理論は、**クロード・レヴィ＝ストロース**（1908-2009）の『親族の基本構造』（1949）から始まった。これは、結婚をとおした集団、家族、個人間の関係についての研究である。縁組理論の支持者は、出自集団が社会の基盤であるという考えを拒否し、代わりにそれが集団間での婚姻交換関係の「要素」であると主張する。

インセストタブー（＝近親婚の禁止）は文化の基礎である。人類学者は、インセストタブーが普遍的であるものの、それは異なる文化ごとに異なって作動していることを発見したのだ

インセストタブーとは、特定の親族関係にある人びととの性的関係を禁止するものなのである

　すべての人びとが「親族」である社会においては、結婚し性的関係を持つ※ことが許容される親族の範疇が存在する。

クロード・レヴィ＝ストロース

※【訳注】　近代社会では婚姻は法律あるいは宗教によって承認される両性のつながりと見なされてきたが、現在では同性婚のように性別の組み合わせは問題にしなくなった。他方「未開」ないしは「伝統的」と呼ばれてきた社会では、婚姻は合法的で公認された性関係が続くことを意味する。恒常的な性関係を持つことはふつう嫡子（＝両者のあいだに生まれた正式な子ども）が生まれることを意味するので、親族が永続的に再生産するための条件となる。養子縁組も親族のメンバーの嫡子として扱われる。出自理論によって親族のメンバーがどの系譜に属するのかという出自（decent）に着目するのではなく、縁組理論（alliance theory）は、ある親族がどの親族から配偶者（＝女性）を得るのかという関係性が、社会関係の維持に重要であるという点に着目する理論である。

72. 精神のなかの構造

レヴィ=ストロースは、人びとが社会的規則を作動させるときに精神のなかにあるパターンあるいは「構造」（この場合には婚姻の規則）に関心を持った。彼は、基本構造が人間の親族の最も初期の形態をあらわすと指摘した。

基本構造は、積極的な婚姻の規則、あるいは対極的なインセストタブーの規則を示す。

君は〈交差イトコ〉（次ページ参照）と結婚すべきである、と仮にそういうとしよう

そして

複合構造は、否定的な規則から成る。

君は自分の姉妹とは結婚できない、ことになる

クロウ-オマハ型親族体系（Crow-Omaha system）※は、基本構造と複合構造の中間にあり、すべてではないが多くの社会がクロウ型かオマハ型の親族の用法を有している。

さらに

この体系は、誰と結婚できないかを定義する（その説明は複雑すぎる）一方で、婚姻の禁止対象があまりにも多すぎるため、現実には基本構造の方に似てくるというわけだ

※【訳注】 クロウ型の親族呼称は、｜FZD｜FBD,Z,MZD｜MBD｜（世代を斜行して、FZD=FZ,MBD=BD）の名称が類別的=同じ語彙となる。つまり本人（男）にとっての父方のイトコはすべてインセスト（近親婚の禁止）に当たる親族になり、母方の交差イトコ（女）のみ結婚の対象となる。オマハ型の親族名称は、それと反対に、母方のイトコはすべてインセストの対象となる。他方オマハでは父方の交差イトコ（女）のみ結婚可能な相手となる。両方の場合の結婚の対象は、規定婚（=それらの候補者のなかからしか結婚相手を選べない）となることが多い。

73. 基本構造の形態

一般交換：グループAはグループBに妻を与え、グループB はグループCに妻を与える。

時間差のある限定交換（時間差のある直接交換）：ある世代では、女性（妻）が集団間を同じ方向に動き、次の世代では反対の方向へ動く。
これは（実際には混乱するので）理論上のみで可能だと人類学者は指摘する。

限定交換（直接交換）：グループAはグループBに妻を与え、グループB もグループAに妻を与える。

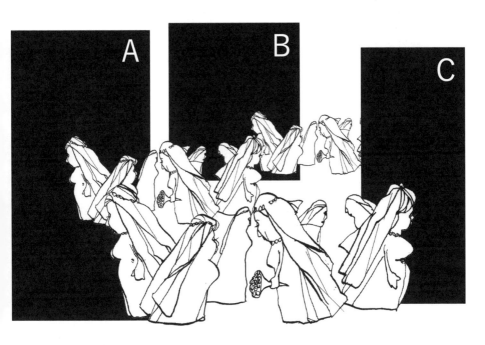

婚姻の規則は、以下のとおりである。

母方交差イトコ婚：一人の男性が彼の母親の兄弟の娘と結婚する。

父方交差イトコ婚：一人の男性が彼の父親の姉妹の娘と結婚する。

半族：文字どおり「半分」で、結婚相手を交換する二つの出自集団から成る社会をさす。

74. 縁組理論は役に立つのか？

　縁組理論は、過熱した論争を引き起こした。（規定婚が思われたほど多くはなく）婚姻の規則は柔軟であり、異なる民族のあいだだけでなく同じ民族内でも著しく異なった目的で利用されることが、次第に明らかにされてきたからである。

社会組織の何らかの特徴が、婚姻の規則の知識から予見されるとしても、それはほとんどとるに足らないものなのじゃ

規則

連中は、現実という問題に何度も遭遇しているようだね。おそらくそのことが俺たちに何かを教えようとしているんだよ！

デビッド・シュナイダーは、その著書『親族研究への一批判』(1984) におい
て、空虚で見分けのつかない分野なので、人類学者は〈親族〉の探求をやめる
べきだと助言した。

では、親族研究はどうなったのだろうか？　親族研究は、重要な主題であり
続けてはいるものの、すべてを説明する唯一無二の研究分野ではもうなくなっ
てしまっている。親族は、人間の生 殖に関する社会組織を研究する人類学者
の関心事となっている。性的関係、個人的アイデンティティの定義やジェンダー
役割が、文化的にどのように構築されるのかを研究する者たちの関心事でも
ある。

親族に代わり、まったく新しい多くの用語が主題として加わった。自己（セル
フ）、行為主体、ジェンダー（社会的性別）、価値や愛着のある営み、あるい
は人格の概念といった用語が、人類学の一部になった。この新たな用語法は、
人類学の焦点が転換したことを示唆している。

75. 政治と法

　親族に対する古典的な見方では、社会秩序を維持する役割が強調された。そのことは、自然の流れとして、社会のなかでの政治と法、権威の構造、権力、支配と意思決定の研究を促すことになった。政治研究には、二つの基本的なアプローチがある。最初のものは**類型的アプローチ**であり、それは政治の型を分類し、政治組織と「生業のパターン」や「親族のパターン」とを関連づけるものだ。基本的な事例を紹介しよう。

　バンド社会は、一般的には狩猟採集民であり（漁労民や農耕民にもありうるが）、その社会構造は親族に基礎づけられている。

俺たちは、平等主義的な生活様式を有しており、リーダーシップなどは強調されないんだ

リーダーシップは一時的に、あるいは狩猟や戦争といった特定の目的だけに使われるのよ

バンド社会の男性

バンド社会の女性

部族社会は通常、家畜を飼う遊牧民あるいは農耕民によって構成されている。社会構造は、クランとリネージに基づいており、「年齢階梯」社会（106ページ参照）のように年齢とジェンダーが重要因子になることがある。これらの社会は、指導者のいない、文字どおり「無頭の社会」である。

ときには、富と利益の分配をとおして影響力と支持者を獲得するリーダーが出現するんだ

ちょうど、ニューギニアの「ビッグマン」のように、じゃな※

ニューギニア高地人

※【訳注】　71ページ〈ニューギニアの「ビッグマン」たち〉参照。

76. その他の事例

　首長社会は、家畜、園芸（＝園耕）による作物、あるいは集約農業に基盤を持つ。これらの社会は、権力、権威、そして継承された遺産を有する世襲の首長によって支配される。

首長は、係争、土地の分配、生産物の再分配に当たっての審判の役割を果たすことが多いのじゃ

そして

我々（現代人）もまた、その職権により、超自然的な力と聖職的役割も担っているのだ

国家社会には、集中的な農業と、多くの場合、対外かつ対内的に大規模な交易ネットワークを有する市場体系に基づいた先進的な経済がある。高い人口密度を保ち、階級や（たとえばカースト原理により）複数の社会成層に分かれている。

これらの社会では、世襲の、あるいは選出されたリーダーが権力と権威を行使したりしておるのじゃ

そして

それらのリーダーは、いくつかのアフリカの王国がそうであるように、聖なる義務（＝宗教的行為）あるいは超自然的な力を持っておるのじゃ

77. 用語法アプローチ

　類型的アプローチが、社会構造は単純なものから複雑なものへと進化的に発展するという考えを含んでいることは明確である。このアプローチは、特に**エルマン・サービス**（1915-96）とその著書『民族学のプロフィール集』（1978）を連想させる。

　（地位、リーダーシップなどの）これらの用語は、いかなる政治体系の分析にも適応可能である。M.G.スミスは、1960年出版の著書『ザザウの政府』[※]においてこのアプローチをとりその社会を特徴づけた。

※【訳注】　ザザウは、ナイジェリアのカドゥナ州ザリアにある、イスラームの首長制をとる都市のこと。

78. 政治人類学

　政治人類学は、以下のようなことを検証し、それらの多様な体系を比較する。すなわち社会統制、権力構造、合意の程度、平等と不平等の型である。あるいは、伝統、強制力、信念そして宗教をとおして、指導者がいかに自らの権威を確立、強化するのかといったことである。

社会における平等と不平等の原則を浮き彫りにする社会階層化というものは、重要な概念なんじゃ

俺たちが今眺めているように、社会における人の「格付け」には、いろんなやり方があるんだね

79. 年齢階梯社会

東アフリカでは、マサイの
ように社会は年齢によっ
て階層化されている

社会的役割と権威は、
その人が帰属する年齢階梯に
よって決まるんだ

マサイ人

アフリカにおける慣習と紛争

マサイ人

　ある年齢階梯から他の年齢階梯への継承を確実なものにするためのメカニ
ズムと世代のあいだの緊張に関する研究は、**マックス・グラックマン**（1911-75）
が**プロセス（政治過程）・アプローチ**※を展開させる際にとても役立つことになっ
た。グラックマンの古典的研究は『アフリカにおける慣習と紛争』（1955）と『部
族社会の政治、法、儀礼』（1965）である。このプロセス・アプローチによって、
リーダーのグラックマンとマンチェスター大学拠点のマンチェスター学派の人
類学者たちの存在が有名になる。

※【訳注】　プロセス・アプローチとは政治制度を固定的にみるのではなく出来事
を例示して社会制度が柔軟に使われていくことを記述する方法のことである。

80. 共時的視点 vs 通時的視点

マリノフスキーと**A.R.ラドクリフ=ブラウン**（1881-1955）によってそれぞれ学問的発展をみた初期の機能主義と構造機能主義は、政治を親族に埋め込まれたものとして捉えた。これらのアプローチは、**共時的**実践を強調する社会の静的な捉え方を生み出した。

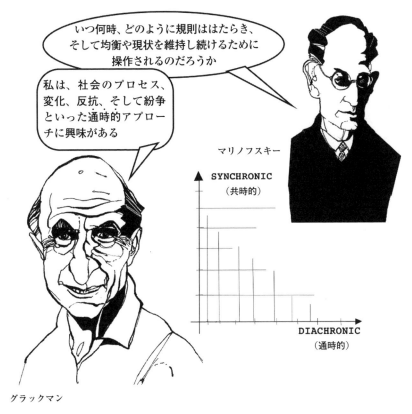

いつ何時、どのように規則ははたらき、そして均衡や現状を維持し続けるために操作されるのだろうか

私は、社会のプロセス、変化、反抗、そして紛争といった**通時的**アプローチに興味がある

マリノフスキー

SYNCHRONIC
（共時的）

DIACHRONIC
（通時的）

グラックマン

グラックマンは、社会プロセスが時間を経て作動する、その変化の仕方に対する通時的な見方を発展させた。たとえばグラックマンは次の二つを明確に区分した。

反抗ないし反乱：力を持った人民がある権力を別の権力に置き換えること

革命：権力を行使する体系＝システムを変化させたり、置き換えること

グラックマンは、不安定性を常とする社会体系においては、反抗ないし反乱は永続するプロセスであると指摘した。

81. その他の社会階層化

階級社会は、政治権力と経済的な財への不平等なアクセスによって階層化されているのだ

カール・マルクス

カースト社会は、社会的不平等と経済的不平等とともに、儀礼や宗教によっても階層化されているのよ

インドのカースト制度は、**ルイ・デュモン**（1911-98）の有名な研究『ホモ・ヒエラルキクス』（1967）における重要なテーマであった。

インドの女性

82. 交渉するアイデンティティ

政治は、境界という問いを生み出す。それは集団の構成員の権利と権威と結束の限界であり

そして

境界の内側での安定性と制御の維持の限界でもある

金持ち

貧乏

　境界でまとまった集団のあいだの緊張は、人類学者をして、**エスニシティ**（民族性）や**ナショナリズム**[※]（国民主義あるいは国家主義）への関心へと導いた。

　フレデリック・バース（バルト）(1928-2016) は、とりわけ編著『民族集団と境界』(1969) において、**トランザクショナリズム**（交渉主義）という概念を紹介した。また、初期の研究『スワート・パサンスの政治的リーダーシップ』において、対立と連立とのあいだを振動する取引や〈ゲーム〉によって、リーダーたちがどのように義務への忠誠を維持するのかを示した。この概念は、エスニシティ研究において、アイデンティティの交渉を調べる研究として発展した。

※【訳注】　ナショナリズムは、古くは民族主義と訳されてきたが、ネーション（国民）や国民国家（ネーションステート）に最も信頼を置くイデオロギーなので、あえて漢字を与えると国民主義あるいは国家主義になるだろう。

83. エスニシティの諸問題

　一般的に**エスニシティ**（民族性）とは、各集団がそれぞれを区別し、「私たち
は」や「私たちにとって」という感覚を持つことに関するやり方や意識のことで
ある。人類学者は、人びとが「私たち」と他者の差異を表現するさまざまな方法
や、差異の経験のされ方に関心を持つ。エスニシティは、**人種**とは区別される。

> 人種は、他者や他者の実践を
> ステレオタイプ化することにより、
> 他の集団を区別し、「私たち」を「彼ら」から
> 区別するんだね

> それが結局のところ、人種主義、
> 差別、暴力を生み出すんじゃよ

他者

私たち

　他者性（alterity）はよそ者、つまり客体化された他者のことであり、人類学
では1970年代以降に登場した概念である。すべての社会と集団が、他者性と
いう概念を持っていることが指摘されている。しかしそれは、人類学そのもの
の歴史と実践についての「自己再帰的」論争をも含んでいるのだ。

84. 植民地主義

　植民地主義、すなわちある社会に対する他の社会からの政治的支配と統制の行使の研究もまた、後になって発展した研究領域である。マンチェスター学派とローズ＝リビングストン研究所が、社会変化における差異をめぐる部族と都市生活に関する研究を発表したことで、不可視でとるに足りないテーマとは対極の、非常に重要な人類学的関心としての植民地主義の存在が浮上してきた。

　それ以外の研究では、非西洋の人びとによって西洋の法体系が受容され適応される方法について調べられた。

111

85. 反 - 資本主義人類学

マルクス主義に着想を得た人類学者は、資本主義と国家に対する植民地とポスト植民地の葛藤に関心を持ち、文化と政治とのもつれ合いを分析するための新たな視点を生み出した。こうして、この分野に新たな概念と用語法が登場した。

中心—周辺論は、**イマニュエル・ウォーラーステイン**（1930-2019）の『近代世界システム論』（3巻、1974-89）で展開された概念である。

中心部は、権力が行使される場所であり、周辺部は、中心で行われた判断によって影響を受ける場所じゃ

従属理論は、アンドレ・グンダー・フランク（1929-2005）の『ラテンアメリカにおける資本主義と低開発』（1967）で展開された。

従属理論では資本主義の発展は、植民地における収奪に依存するものであり、まさに従属と貧困と障害を創造※し、植民地の発展を阻害しているのだ

A.G.フランク

※【訳注】　ここでの「創造」は、従属理論における「低開発の開発（development of under-development）」といういい方で表現されるものであり、中心部が発展すればするほど、周辺部の富と労働はますます収奪される、という考え方である。

いくばくかの人類学者たちは、文化の用語のなかに、**グローバル**と**ローカル**という考えを発展させてきた。従属集団の日常的な実践を研究するなかで、人類学者は、非公式の構造——**連合、徒党、ネットワーク**など——によって示される、**隙間**にある、**補足的**で、**並行する**行動の形態に注目するようになってきた。

　人類学者は、エリック・ホブズボームとテレンス・レンジャーの同名の論文集（1966）から生まれた**伝統の発明**（**創られた伝統**）という概念を、さまざまなナショナリズムのかたちの**文化の政治性**（politics of culture）を探求する際に借用する。

ジェームズ（＝ジム）・スコットは、『弱者の武器』（1985）において、日常的抵抗の様式としての政治に注目したんだよ

覆面をしたアナザシ

ここから、政治の暴力性と国家規則に対する抵抗に焦点を当てた、マイノリティ運動についての研究の流れが始まったのさ

86. 法人類学

　人類学者は、司法※と慣習を区別するものの、この二つが作動しているときにはその概念にほとんど差異はないということを指摘してきた。

※【訳注】　law を文脈により司法と法に訳し分けている。

裁判官姿のアナザシ

慣習は規範規則を強化するのさ。規範規則とは、期待されている活動と行動の形態のことなんだよ

しかし、係争を仲裁し、規範規則の違反を検討する司法制度もあれば、誤った行動への慣習的な制裁や処罰もあるのだ

ポール・ボハナンは編著本『法と交戦行為』（1967）において、「二重に制度化される」ものとして、司法を、慣習と行為規則から区別した。「二重に制度化される」とは、司法というものは、他の法的制度に由来する慣習あるいは規則を、制度のなかへ再度取り込んだものだという意味である。

アメリカの人類学者E.アダムソン・ホーベルは、『未開人の法』（1954）において、法は次の三つの原理を含んでいると指摘した。

（1）正しい行動を保証し誤った行動を罰するための（暴力などの物理的）力の利用を正当化すること。

（2）強制力を行使するため、個人に権力を割り当てること。

（3）思いつきではなく伝統を尊重すること。法の執行は、慣習であれ制定法であれ、周知されている規則に則って行われなければならない。

87. 係争処理のメカニズム

狩猟採集社会では（争いを避けるために対面しないこと、つまり）回避が起こる。

これらの社会では、社会的空間が広大で、公式な統制のメカニズムは相対的に発展していない

人びとのあいだでの紛争や攻撃の源を見つけるために、卜占あるいは神判が利用されるのじゃ

仲裁、交渉、調停、裁決には、いろいろなやり方があるが、いずれも（網の目のようになった社会に風土病のように蔓延する）**紛争**や**競合**をそれ以上引き起こさないためのものである。それらは、**争い**を処理しようとするのであり、賠償を決定したり、慣習的制裁をはたらかせたりすることにもなる。

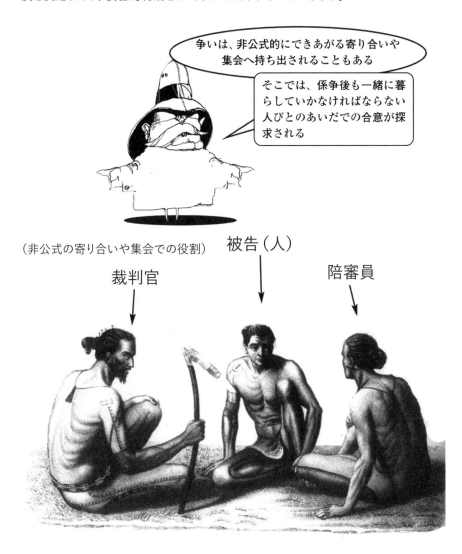

争いは、非公式的にできあがる寄り合いや集会へ持ち出されることもある

そこでは、係争後も一緒に暮らしていかなければならない人びとのあいだでの合意が探求される

（非公式の寄り合いや集会での役割）

裁判官

被告（人）

陪審員

　係争処理の場には、具体的でしばしば儀礼的な、係争を仲裁し裁決を下すための権威を与えられた集団がいる。そうでなければ、係争は、公式に制度化された裁判所によって処理される。

88. 宗教

　宗教的信念の研究は、人類学者にとって主要な関心分野であり、人類学者は多数の宗教的な組織や実践の形態をその範疇に収めてきた。範疇化とは、類型（タイプ）に分け、名前をつけ、分類することである。

アニミズムは、山や川、木に霊魂が宿っているとする信念だよ

初期の多くの人類学者と同様に、E.B.タイラーは、アニミズムが最古の宗教形態だと指摘したんだ

大木

動物

フェティシズムは、初期の人類学者のもう一つの関心事であった。人類学者は、〈未開の〉人びとが事物に呪術的な力を持たせたと考えていたのだ

　物神性（fetishes）は存在するものの、それらは信念体系の基盤を形成するわけではない。

　トーテミズムは、北アメリカの五大湖地方に住むオジブウェに由来する言葉である。トーテムは、動物種によって表象される霊的存在である。特定のトーテムがクラン（親族集団）を象徴する。同じトーテムを共有する人同士は結婚できない。個人は自分自身の守護霊つまりトーテムを持っているが、それは特定の食物を摂ることを禁止する。たとえば「あなたのトーテムを表象する動物をあなたは食べてはいけない」という具合に。トーテムの別の形態としては、聖なる場所の霊魂に属するといった解釈もある。

　レヴィ=ストロースは『今日のトーテミズム』（1962）において、トーテミズム（トーテム信仰）というようなものは存在しないと主張した。

この用語は、一つの現象だけに使われるのではなく、さまざまな現象に使われている

そして

クランあるいは
他の社会集団の紋章である
「トーテム」と、禁忌の
食べ物や聖なる
組織の射程を示す
「トーテム」には
大きな違いがある

89. シャーマニズムとカーゴカルト

シャーマンは、人間世界と霊魂の世界、人間と動物、あるいは生者と死者の
あいだを媒介する宗教に熟達した人物である。

シャーマン

「メディシン・マン」や
「魔法使い」あるいは「呪医」とい
うよりもシャーマンと呼ぶほう
が政治的に正しい言い方
なのじゃ

カーゴカルト運動と千年王国運動は、世界の終末あるい
は新たな世代の幕開けを現として見せてくれるのじゃー

信者

カーゴカルト（積荷崇拝）運動とは、
第二次世界大戦後にメラネシアで流行
した千年王国運動の名称である。積荷
は西洋からやってくる財をさす。いくつ
かのケースでは、預言者が登場し積荷（カーゴ）
をともなって祖先たちが再来する日々
がその目前に迫っており、到来する新
たな時代では、白人ではなくネイティ
ブの彼ら自身によって社会が統制され
ることが宣言された。北アメリカにも
同様の運動が起こり、それは**土着**運動
あるいは**宗教復興**（**リバイタリゼーショ
ン**）運動と名づけられた。

これら以外に、宗教の二つの基本的な形態がある。一つは**多神教**（一つ以上の神格の存在への信念）であり、もう一つは**一神教**（ただ一つの神の存在への信念）である。フランスの社会学者**エミール・デュルケーム**（1858-1917）はその著書『宗教生活の原初形態』でそれとは違った宗教の二つの見方について示した。まず最初は、**機能主義的**見方であり、宗教は、信念であり活動であるので、その機能によって定義されるというものだ。

宗教は、
社会的結束を強める
社会的な創造物である

そして

もう一つは「聖」と「俗」
という基本的な区別だ。
それは次のページで示
したい

エミール・デュルケーム

90. 聖と俗

聖（sacred）は、通常の世界とは区別される。聖とは儀礼と関連したタブーのように、隠され禁止された、あるいは特別な知識や実践を含んだものである。

聖は、呪術的な力や霊魂あるいは神格と関係しており、宗教的そして呪術的実践の両方に関係する可能性があるのだ

エミール・デュルケーム

俗（profane）は、日常の世界に属していて、日々の知識と実用的な実践を伴う。

俗は、日常生活、特に世俗的な活動に関する物理的なモノと関連するのだよ

91. 呪術の人類学

　呪術の信念体系は、妖術（witchcraft）や邪術（sorcery）をも含むことが多く、ときにすべてまとめて**呪術**と称される。

妖術は、悪意のある呪術力を伴い、個人の性質に生まれつき備わっているのじゃ

妖術師に扮したアナザシ

邪術は、悪意のある呪術力を伴い、生得的なものではなく、習得されるものよ

邪術師

　E.E.エヴァンズ＝プリチャード（1903-73）は、『アザンデ人の世界：妖術・託宣・呪術』（1937）という影響力の大きい業績を残した。ザンデ人[※]は、妖術に取り憑かれている人たちである。エヴァンズ＝プリチャードによると、妖術信仰はそれ自体の論理と合理性を持っている。妖術は、個人の幸運と不運を説明するための、合理主義者が考える原因と結果を超越した、もう一つの層（レイヤー）として作動する。

　　　※【訳注】　ザンデ語では、ザンデは単数表現で、集合的人格や社会をあらわすのはアザンデなので、人間をあらわすときは、ザンデ人、社会や民族としてはアザンデと呼んでおく。

92. 信念についての論争

　　エヴァンズ=プリチャードの研究は「あることを合理的なものとして信じるとはどういうことか?」という論争において重要なものとなった[※]。この論争は、**理性**と**合理性**の意味を問うものだった。この論争は、思考、信念、実践をそれ自体の文化的文脈のなかで、信じる者や実践する者の視点から理解するという**文化相対性**という概念を生み出すことになった。

　　　※【訳注】　これは、ウィトゲンシュタイン派のピーター・ウィンチによる議論が刺激になり、現在では合理性論争あるいは社会科学における合理性論争と呼ばれている。

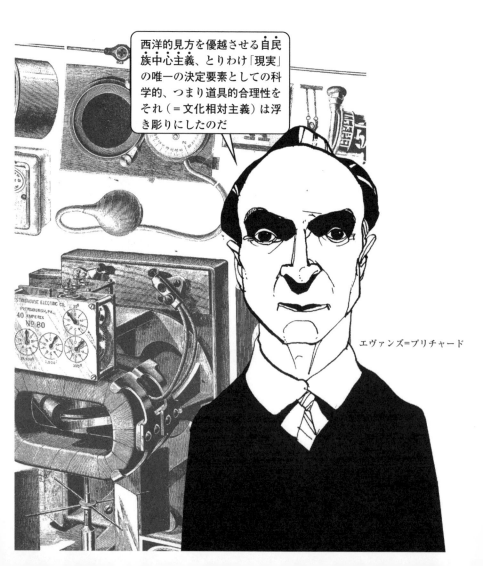

エヴァンズ=プリチャード

93. 儀礼の検証

　宗教は、**儀礼**を伴い、**神話**と**象徴**（**シンボリズム**）をとおして表現されやすい。これらはいずれも**技芸**（**アート**）の特徴か、その一部である。儀礼は、個人のライフサイクルにとって重要な社会的出来事ないし局面（ステージ）をしるしづけるものである。儀礼においては、信念体系がパフォーマティブに実行され、象徴的に規定され強化される。そうすることで、個人的かつ集団的な効力を明示あるいは構築する。

儀礼は、個人ないし集団的なアイデンティティを表現する

そして

儀礼は、社会的緊張状態や紛争を解決し、解消し、あるいは社会的結束と連帯を促進するために役立つのだ

94. 通過儀礼

　アルノルト・ファン＝ヘネップ (1873-1957) は、通過儀礼についての有名な研究業績を残した。通過儀礼とは（成人式、結婚式、葬式など）個人の人生における重要な出来事をしるしづける儀礼のことである。

　名づけ儀礼は、共同体のメンバーではない〈人ではない存在〉から共同体のメンバーという〈人としての存在〉への移行をしるしづける儀礼である。

　加入儀礼（イニシエーション）は、一つの地位から別の地位へ、たとえば子どもから大人への移行をしるしづける儀礼である。

　婚姻儀礼は、独身から既婚への移行をしるしづける儀礼である。

　葬儀は、〈人としての存在〉から先祖へ、つまり現在の世界からそれを超越した世界への移行をしるしづける儀礼である。

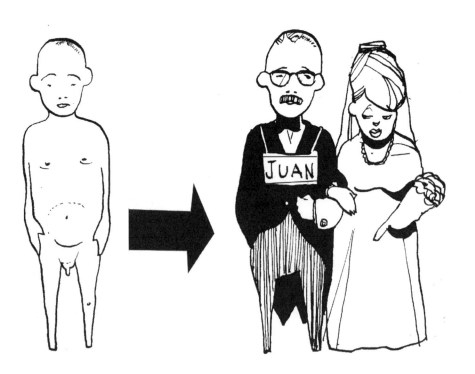

すべての通過儀礼には、分離→移行→統合の三つの段階がある。**分離**は、儀礼に先立つ集団から離れ、それ以前の地位と儀礼の結果として獲得される地位とのあいだの、空間的で象徴的な距離をつくり出す。**移行**は、ラテン語でいう「閾値（いきち）」の意味であるリミナルな（境界的）状態であり、儀礼行動の大部分に相当する。移行期間と移行の実現は、危険であるか発展的であるかのいずれかである。

分離は、日常の逆転を含むことが多いんだ。許容されている活動ないし範疇（カテゴリー）が転覆するのさ

分離

移行は、儀礼に参加するグループと個々人のあいだに特別なつながりを生み出すんだよ

聖職入門者

移行

聖職修行者

聖職就任者

統合

統合は、新たな知識を伝え会得させるんだよ

儀礼の完了時に行われる統合は、新たな状態を獲得した個人が社会へ再統合されることをさす。

95. 神話研究

　神話というものは、その性質上、神聖なものであるにせよ宗教的なものであるにせよ、個人的あるいは逸話的というよりも社会的な語りである。そして、自然、超自然、社会文化的なものであれ、神話には、事象の起源や創造についての言及がある。神話は、特定の儀礼を表出するのだ。神話と儀礼は、共通の象徴的要素を有し、創造的かつ宗教的表現をするために両者は相補的な関係にある。

ボアズ

ボアズ先生は、神話を、集団間の地域関係のガイドのごとく捉え、文化と文化の特性に関する情報の貯蔵庫だとみていたのですね

マリノフスキー君は、神話を「社会的行動のための憲章」として捉え、人びとの慣習や行動することを説明し正当化するための合理的手段とみたんだな

マリノフスキー

96. クロード・レヴィ=ストロース

　神話研究と最も関わりの深いフランスの人類学者**クロード・レヴィ=ストロース**（1908-2009）は、最初に法と哲学を学んだ。1934年に社会学を教えるためにブラジルに渡り、1935年頃にはボロロ先住民のあいだでフィールドワークを行った。

神話は、思考の一つであり、すべての人間文化と社会体系の基盤となる、普遍的な「構造原理」の実例なのである

　神話では、普遍的で文化的に特有な矛盾ないし「対立」が象徴的に調停され、解決されたり、それら自体が反映されてきた。対立は、レヴィ=ストロースの構造主義の体系にとって極めて重要である。

レヴィ=ストロース

97. 二項対立と構造

　対立は、死と創造、母系と父系、生のものと調理したものなど、**二項（バイナリー）**から成る。神話は、異なる象徴的要素を限りなく編成し、また再編成する。神話の異なるヴァージョンは、神話的な知識と思考が常に創造され修正されていることを示している。レヴィ＝ストロースにとって、文化の本質は構造であり、各々の文化はそれ独自の配列ないし構造を持っている。これらの構造は、世界規模の体系の一部として存在し、その体系は、人類の心的結合（psychic unity）を基盤として存在しうる、すべての構造から成るものである。

私の関心は社会の理想的な構造にあります。人類学者は、存在しうるすべての配列を抽象的に解きほぐすのです

だから構造には二つのかたちがあるんですよ。人類学者の心（マインド）のかたちと、研究対象の人びとの心（マインド）のかたちね。どちらの思考が最も重要なのかしらね？

レヴィ＝ストロース

98. シンボルとコミュニケーション

シンボル（象徴）は、儀礼と神話についての議論の中心であり、**意味**と**コミュニケーション**に関する問いを提起する。シンボリズムの研究は、**象徴人類学**や**認知人類学**などとは異なるアプローチを展開した。その概念と用語法は、**言語学**と**記号学**から借用された。

131

99. 象徴（シンボル）と社会プロセス

　マンチェスター学派の頭目であった**ヴィクター・ターナー**（1920-83）は、社会生成の過程（ソーシャル・プロセス）の途上としてのシンボル（象徴）に焦点を当てた。「私たちは諸記号をとおして社会を支配する……そして、シンボルをとおして私たち自身を支配する」のだと彼は指摘[※]している。

※【訳注】　私たちの身の回りを見渡してみよう。おびただしいシンボルやサイン（記号）が溢れている。ターナーは、人びとのアイデンティティ（＝自分たちが何ものであるかの意識）形成にもシンボルやサインが影響を与えていると指摘している。ターナー『儀礼の過程』冨倉光雄訳、筑摩書房を参照。

ターナーは、自然で感情的な意味を付与されるシンボルと、それを受け入れようとする動機は区別される、と考えたんじゃ

それゆえシンボルは恣意的に決まるわけじゃない

ナチに扮した人類学者

　ターナーは、**コミュニタス**（communitas）という概念を導入する。127ページの「移行」の状態にある社会とその状態をコミュニタスと呼んだ。それは「分離」や「統合」とは異なり、日常の構造から解放された「反構造」の状態である。シンボリズムをとおして接近することができる文化の創造的衝動ないしは始原の基盤こそがコミュニタスなのである

100. 行為者、伝達内容、記号

シンボリズムへの人類学的アプローチは、**記号**よりも**伝達内容**が、そして伝達内容よりも行為者が強調される。ここで言う**行為者**とは、シンボリズムを採用したり関わったりする人格的存在のことをさす。

グレゴリー・ベイトソン (1904-80) は、文化を情報の生成と伝達のためのメカニズムであるとした。彼は**遊び**と**メタコミュニケーション**という概念を紹介した。シンボリズムにおける遊び、創造力、そして儀礼は、人びとの意識を拡大し再組織化する活動である。

101. シンボリズムと新たな視点

シンボリズムの研究は、人類学の1970年代以降の展開において重要である。

■デビッド・シュナイダー（1918-95）の**象徴人類学**（symbolic anthropology）は、文化を意味とシンボル（象徴）の全体的体系だと考える。シンボル（象徴）体系は、細々とした二項対立の部分に分割されるべきではなく、経済、政治、親族、宗教といった社会組織の具体的な側面とつながっている。したがって、シンボルは全体として研究されなければならない。

■認知人類学は、二つの音を峻別する、つまり「音声学」（phonetics）と「音素論」（phonemic）を区別する考え方を言語学から借用している。言語学のこの考え方が、普遍的要素を強調するエティックと、ある固有の文化で意味を持つ要素であるエミック（イーミック）とを区別することになった。**エティック**が、「客観的な」観察者にとって明らかな普遍的基準である一方、**エミック**は、特定の言語ないし文化のなかで意味を持つ対照基準である。このように考えると、文化は、概念化の体系、つまり知識と概念の体系とされる。

■解釈人類学は、エヴァンズ＝プリチャードによるアザンデの妖術とヌアーの宗教についての研究から始まり、アメリカ合衆国の人類学者**クリフォード・ギアーツ**（1926-2006）の研究と最も関連する。ギアーツは、テクストないしは**行為された文書**としての文化体系の研究を提唱した。この研究は、エスノグラフィーを実践する方法論である**厚い記述**[※]として文化生活を細部にまでつくり上げることによって成り立つものである。

ギアーツは、『野生の思考』を書いたレヴィ＝ストロースを「頭でっかちの野蛮人」だと批判した。なぜなら、レヴィ＝ストロースの方法が、現実の社会的事実から理論を構築するのではなく、彼の頭の中だけで「暗号解きゲーム」をしているにすぎないからだと彼は論じた。（『文化の解釈学』参照）。

意味は、**目的から生じるのであり、公式の構造から生まれるのではないのじゃ**。レヴィ＝ストロースはシンボル的要素の内的な関係へ焦点を当てることによって、実際の生活や営みの非公式な論理を見過ごしているのじゃ

※【訳注】 《厚い記述》とは、さまざまな情報の積み重ねを多角的に検討することで、エスノグラフィーの解釈をより正確にしていこうという挑戦のことをさす。決定的な記述などはなく、複雑な権力関係のなかで記述が成立することから後のポストモダン人類学にも大きな影響を与えた。

1966年の論文「文化システムとしての宗教」において、ギアーツは、宗教を次のように定義した。つまり、宗教とは「象徴（シンボル）の体系であり、人間のなかに強力な、広くゆきわたった、永続する情動と動機づけを打ち立てるものである。宗教は、一般的な存在の秩序の概念を形成し、そしてオーラ（幻影）でもってそれらの概念をおおい、そのために宗教を信じる動機づけが、あたかもリアルな現実であるようにみえる」※。

※【訳注】　吉田禎吾ほか訳『文化の解釈学 I』pp.150-151、岩波書店、1987年を一部改変。

102. 芸術人類学

　宗教、信念、儀礼、シンボリズム（象徴論）は、もう一つの主要な人類学者の関心、すなわち**芸術**とも関連している。芸術人類学は、彫刻や仮面、絵画、織物、かご、つぼ、武器、そして人間の身体そのもののような有形物へ大きな関心を寄せてきた。これらの有形物は、単にその美しさによって賛美される**美的**対象（aesthetic object）ではなく、人びとの生活のなかでより広範な役割を果たすものである。

多くの社会では、芸術家は「創作者個人」としては認められておらず、その作品も独立した**高尚な文化**として際立った価値を認められているわけではない。芸術的生産は、より多くの人びとに対して開かれたものであり、個的というよりはむしろ集合的なものと見なされている。

103. 映像人類学

　もう一つの最新の展開は、映像人類学である。視覚体系の研究は、ローカルな人びとが行う写真撮影や地元でのテレビ撮影、映画製作にまで広がっていった。

　この分野で最もよく知られているのは**民族誌映画**である。民族誌映画は、人類学者によって研究されこれまで書かれてきた出来事、儀礼、活動、そして背景に関する視覚的記録である。ここには、人類学者によってフィールドワークのなかで記録されつくられてきた従来の写真などの視覚的資料も含まれる。

だがな、映像人類学には、人類学者とプロのテレビ会社や映画製作会社との共同制作も含まれるんじゃ

そうやって人類学者は有名になるんだわさ

104. 消えゆく世界

　イギリスのテレビシリーズ『消えゆく世界』(1970-93) は、今や古典となった民族誌映画の一つである。いくつかの作品は、ベネズエラの密林地帯のヤノマミインディアンについてのナポレオン・シャニョン※とティモシー・アッシュ製作の『祝宴』のように、酷評されることとなった。

※【訳注】　以前の邦訳ではChagnonをローマ字読みしてシャグノンと記していたが、近年はシャニョンと原音に近く記すほうが正確であるとされている。

169〜171ページを参照し、シャニョンが本当は何をしようとしていたのかを調べてごらんよ

俳優としてのヤノマミ

　フィルム作品は次のような多くの問いを生じさせる。その出来事は演出されたものなのか？　映画製作スタッフの存在は、記録されている出来事に対してどのような影響や効果をもたらしたのか？　映像作品は、分析よりも、視聴者の視覚的想像力に感情的なインパクトを与えるのか？

105. 新しい枝か？ あるいは古い根っこか？

応用人類学とそれに関連する開発人類学の分野は、人類学の新しい分枝として認められるべきだと主張する人類学者がいる。この論争のポイントは、〈開発〉が植民地的関係の再現にすぎないのかどうかという点にある。つまり、〈低開発／開発〉が、〈野蛮／文明〉という関係の再形成にすぎないのかどうかという論争である。

人類学は、開発機関の実践と理論の一部となったのじゃ

そして、ボランティア組織、国際機関や政府の実践と理論の一部ともなったんじゃ

人類学は、統治術の実践の一部となった。ヘンリエッタ・ムーアは「人類学は、政府にとって役立つ学問になりたいと願う長い歴史を持っていた」と述べている。

106. フィールドを書き上げること

フィールドでひとたびデータが収集されると、そのデータを書き上げなければならない。各自がフィールドワークを発表する一般的な方法は、**民族誌的モノグラフ**である。古典的なエスノグラフィーは、さまざまな形態をとっている。

途切れのない語り：詳細で、多くの場合、かなりの分量があり、個別のテーマごと（トピックエリア）に整理されることなく、社会生活のディテールがすべて紡ぎ合わされている。

ライフサイクルエスノグラフィー：幼少期から老年期までの成長に基づいて構造化されている。ライフサイクルの各局面は、社会生活、儀礼、信念といった側面を提示するために整理されている。

社会体系によって構造化されたもの：背景にある情報、経済、政治、法そして社会統制、親族、儀礼、信念といった見出しごとに資料が整理されている。通常は、社会変化についての章で結ばれる。

107. 現在において書く

　古典的な民族誌的モノグラフにおいてよくある隠し技は、エスノグラフィーを現在形で書くこと、すなわち**民族誌的現在**である。これは単に現在形で書くということ以上の意味を持っている。(時間経過という)**歴史に無関係**に書くということでもある。つまり、人びとの文化と生活様式についての視座を時間と変化が存在しないかのように、あるいはそれらの影響外にあるかのように書くということなのだ。

民族誌的現在は、人びとを、離れて孤立した別個の存在として描写のなかに閉じ込めるんじゃ

民族誌的現在は、社会内部の逸脱や変種(ヴァリエーション)を考慮することよりも、規範的な規則との整合性に焦点を当てるんだよ

書かれる対象の男性

　民族誌的現在は、いわば凍りついた描写である。それは、文化のなかのすべてのものを「停滞した状態」にはめ込み機能させるという結論をもたらすものである。つまり、永続的に同じパターンを再生産する、不変的で持続的な均衡状態を伝達するのである。

民族誌的モノグラフは、人類学の理論的諸問題についての議論を進めると同時に、ある特定の文化を描いているのかもしれない。ある特定の理論的関心にとって適切な素材や、特定の理論的問いに答えるための証拠を提供してくれるであろう地域がフィールドワークの場として選ばれる。

あるいは、君の持論を創り出し、その存在を証明するのに都合のよい場所だからかもしれないぞっ！

108. 自己回帰の人類学

　より古いエスノグラフィーになるほど、しばしば読みやすく、魅力的で面白いものがある。より最近のものになればなるほどエスノグラフィーは、膨れ上がり、ジャーゴンに溢れ、〈用語学的にいって野心的〉なものとなり、自己陶酔的で、不可解なものとなる傾向がある。

（ほとんど人類学者の自伝といっていいエスノグラフィーである）自己回帰の人類学に君がたどり着くとき、君はまさに人類学の最新の地点にいることになる

　現代人類学は、最初の50年間、エスノグラフィーを作成することに幸福を感じ、古い根っこを削り取ってきた。そして、人類学を様変わりさせた一連の論争が始まった。最初の論争は、メキシコの村テポストランについてのものであった。

109. 二つのテポストラン、 あるいはテポストランでの決闘

ロバート・レッドフィールド（1897-1958）は、1930年に『テポストラン：あるメキシコの村』を出版した。レッドフィールドは、進化主義を加味したボアズの機能主義とドイツの社会学的伝統とを組み合わせ、テポストラン住民の社会行動を統御している規範的ルールに焦点を当てた。その結果レッドフィールドは、人びとが平和的な調和のなかに暮らす村の理想主義的な表象をつくり出してしまった。

レッドフィールドは
農村社会の理論家になった

私は大伝統と小伝統を発展させて〈都市―農村連続体（urban-folk continuum）〉という概念を発展させた

ロバート・レッドフィールド

　レッドフィールドは、エリートの都市部の〈大きな〉――識字の――文化と、農村共同体の、その多くが口承で伝わるインフォーマルな〈小さな〉伝統とを区別した。後者の小伝統からの要素は、常に前者の大伝統によって吸い上げられ、つくり変えられている。これらは、地方の慣習と価値観に合わせて、民俗や民衆という伝統をとおしてフィルターを通すように再解釈あるいは再編用される。

110. テポストラン再訪

テポストランは、**オスカー・ルイス**(1914-70)によって再び調査された。『メキシコのある村の生活：テポストラン再調査』(1951)において、ルイスは、行動そのものに焦点を当てるプロセス的アプローチを用い、レッドフィールドの定式化とは合致しない主張を展開した。

私は、村には派閥争いや個人的敵対、酩酊状態、喧嘩が溢れていることを発見したのである

ルイスは、貧困の文化という概念を発展させることとなったんや

テポストランについてのルイスの本は、古典になり、読んでおもろいし、人気があるねんでぇ、ウィッ!!

テポストランの男性(酔漢)

オスカー・ルイス

　問題：この二人のほとんど正反対の主張の違いをどのように説明することができるか？　二人の人類学者のあいだには修復不能な溝がある。村に対する彼らの見解は、単に「依拠する理論」のみならず、二人の根本的に異なる姿勢にも関係している。

111. 人類学は科学なのか?

後に『社会人類学』(1951)として出版された一連のラジオ講座において、エヴァンズ=プリチャードは、人類学が科学であるという想定を問題視した。

人類学の研究目的は、道徳と象徴の体系です。しかしそれは、自然界のいかなる体系とも似てはいません

人類学者は歴史家により近く、人類学は人文学により近いものです

ポストモダニズムよりももっと以前に、エヴァンズ=プリチャードは**文化の翻訳**という考えを発達させた。彼は、研究している人びとの集団的精神と考え方に可能な限り近づくこと、そうすることでその文化のなかの異質な考えを西洋文化のなかの同値の考えに翻訳することを意図した。これは、歴史家が過去について研究する際に行っていることである。

人類学が科学ではなく人文学の分派であるなら、その権威は何からできているのだろうか?

112. 見せかけの科学
（なんちゃって科学としての人類学）

　科学は、おそらく客観的で、価値中立的で、経験論的な探求である。それゆえに、科学というものは西洋社会における権威の裁定者なのである。権威あるこの領域へ加わろうとする人類学の主張は、エヴァンズ＝プリチャードが問題視したものを根底から揺り動かしたわけではなかった。

でも科学が客観的であるという主張は、後世の者たちによってはっきりと否定されたんだね

先住民

「我々は、明確なデータを集めている中立的な科学者であると偽り、〈彼ら〉にはなんの手がかりもなく、唯一の解決策は〈我々〉にあるというように偽装し、決定的な権力によって規定されたさまざまな無意識のシステムの真ん中にいる人びとが我々によって研究されているかのように偽装する。だが、それは本当に偽装に過ぎないんだ」（ポール・ラビノー（モロッコのフィールドワークにおけるリフレクション、1977年）邦題『異文化の理解：モロッコのフィールドワークから』岩波書店、1980年）

113. 保留地の外へ出たインディアンたち

　ラコタ（スー）先住民の弁護士であるヴァイン・デロリア・ジュニアは、1964年にアメリカインディアン国民会議議長に就任した。その5年後、デロリアは、いくらかの根本的な問いを提起する『カスター将軍は君たち白人の罪ゆえに死んだ※：インディアン宣言』を出版した。

　「私たちは、なぜ人類学者にとっての私的な動物園であり続けなければならないのか？　学術的な生産が実際の生活には全く役に立たない見当違いなものであるときに、なぜ部族は基金を求めて学者と競争しなければならないのか？」（Deloria 1969:95）

　〈おそらく私たちは、学界という共同体（コミュニティ）の実際の動機を疑うべきである。彼らは明確に定義され支配下にあるインディアンを対象とするフィールドをもっている。彼らの関心は、インディアンの人びとに影響を与える決定的な政策にあるのではなく、単に彼らが「大学のトーテムポール」※※を登ることができるような新しいスローガンや教説を創造することにあるのだ〉

　1972年のアメリカ人類学会（AAA）年次大会において、デロリアは学会のメンバーたちにこう訴えたのだ。

※【訳注】　原文は Custer died for your sins: an Indian manifesto, 1969 だが、この表題は「キリストは私たちの罪を贖うために死んだ（Christ Died for Our Sins）」を揶揄ったもの。カスターは南北戦争ならびに戦後における北米先住民虐殺において最も有名な将軍であるので、「君たちの罪（your sins）」は非先住民すなわち白人の罪＝責任のことを語っている。
※※【訳者】　「大学のトーテムポール」とは、大学で教鞭をとる教授陣もまた未開社会の人間で、研究や学位などの〈崇拝対象〉を重視していることを皮肉った表現となっている。

114. 誰がインディアンのために語るのか?

　シンポジウムから数えて25年後、AAA（アメリカ人類学会）は、回顧的な作品として『インディアンと人類学者』(1997) を出版した。この本の結論部分はヴァイン・デロリア・ジュニアの寄稿であり、そこでは、過去28年間の人類学に対してデロリアの問題提起がもたらした影響が評価されている。

　　「人類学は、今も根強く植民地的学問であり続けている。人類学は、学問的営みの配置を変えたり、より有意義な企てのほうに動かすよりも、今でもなお、アングロ（＝白人）の連中がまたべつのアングロの連中にそれを伝えて、よく勉強したぞと証明することのほうに価値を与えていると私たち先住民は考えているのである」※

※【訳注】　Biolsi, T. and L. J. Zimmerman(eds.) *Indians and Anthropologists*. Tuscon AZ.: University of Arizona Press, 1997.

デロリア・ジュニア

115. 神としての白人

　権威に関する類似の問題が「キャプテン・クック」論争である。それは、アメリカ合衆国の著名な人類学者**マーシャル・サーリンズ**（1930-2021）とスリランカのシンハラ人の人類学者**ガナナート・オベーセーカラ**（1930-）のあいだで起こった。この論争から生まれた文書は、それだけで小さな図書館をなすぐらいの分量だったという。

この問題は、1779年にネイティブハワイアンが私のことを彼らのロノ神の帰還と勘違いしたのかどうか、また儀礼的に適切な供儀を行ったのかどうかについての論争なのだ

ハワイ先住民

キャプテン・クック

むしろ「神としての白人」という神話が、西洋社会によって構築されたものであるかどうかの論争さ

　ハワイ研究では「白人（＝キャプテン・クック）は外来神である」という《神話》が、人類学者によって繰り返されてきた。だが、オベーセーカラが（怒りをもって）指摘するように、この人類学者の《神話》により、（ハワイは）いつまでも未開であり、人びとの精神性は、非合理的かつ前論理的で迷信的なのだという《言説》が強化されてきたのだ。

116. 権威の神話

　神としての白人という考えは西洋的思考の土台となるものである。「白色の神」は、メキシコでのコルテスであり、ペルーでのピサロである。これは、1607年のヴァージニア会社の指示書に明らかである。この勅許植民会社の指示書には、白人も傷を負ったり死亡したりするということを、現地の人びとに気がつかれないようにせよと書かれている。死を免れないことと神格性は、相容れないためである。サーリンズは、オベーセーカラがハワイ人たちを「啓蒙的合理主義者」にすぎない存在にしてしまったと激怒した。一見するとサーリンズはハワイの情報源に精通した存在として意見を述べているようだが、ここでは客観的で特権的な知識としての人類学の権威に反論がなされているのである。

オベーセーカラはハワイ研究の専門家ではないぞ

コルテス（としての
サーリンズ）

南太平洋の女性

でも、植民地化された人びとの子孫として、人類学と西洋的構築物を批判するという有利な立場と権威を、オベーセーカラは有していたのではないかしら？

二人が議論しているとき、平等と賠償を求めていたハワイの人びとの政治や社会運動に注意を払った者は誰もいないんだな

117. 出来事の地平線

　ヴァイン・デロリア・ジュニアが人類学を激しく非難する一方で、アメリカ合衆国のラディカルな人類学者は、自分たちの領域への攻撃を開始しようとしていた。『人類学の再創造』(1969) は、デル・ハイムズ編集による論集であり、ベトナム戦争やアメリカ合衆国における公民権問題とホーム (=北米市民社会の領域) での抗議といった、1960年代の一般的な政治的風潮に刺激を受けてつくられた著作である。

人類学批判は人類学における一連の改革を求めたのさ。でもそれは受け止められなかったんだ

そして

人類学への彼らの批判は、現代の人類学的言説（ディスコース）の一部となったんだよ

反戦と反核のシンボルのあるヘルメットをかぶったアナザシ

118. 自己批判の人類学

　『人類学の再創造』における改革の要素は、多様な解釈とアプローチを拓くことになった。

報告を持ち帰る＝リポーティング・バック：「報告を持ち帰る」とは、他者にとっての植民地主義という衝撃を分析することのみならず、西洋世界において植民地主義の帰結とは何かを考えることを意味する。それは西洋社会においてそれまで型どおりやってきた人類学のアプローチとは異なり、植民地主義をフィールドで考えることである。

再帰的人類学：研究対象者の声が聞こえるように、また彼ら彼女らが自身を語ることができるように、フィールドで得た資料を記録したり書いたりする方法論を変えることで、研究のプロセスを可視化すること。これは、人類学者による自己吟味にもなる。

擁護のための人類学：非関与から関与する研究への転換であり、関与する研究とは、人類学者に研究される人びとの、経済的、政治的関与、そして人権や土地の権利の窮状への関与を含む。しかしこれは、「文化」の生存論争のかたちで継続している。

人類学者は、元からあった「現地人の伝統」をそのまま「保存」したいのかね

それとも、人類学者らは、自己決定のための実際の力や資源を譲渡することを望んでいるのかな？それが何を引き起こすかに関係なくねっ！

人類学

119. 人類学の英雄

　アメリカ合衆国の**マーガレット・ミード**（1901-78）は、最も有名で幅広く読まれている人類学者のうちの一人である。彼女の著書『サモアの青春』（1928 [1976]）と『ニューギニアで育つ』（1930）は、現在でも人類学や他の社会科学の学問の基礎的入門書である。ミード自身は、影響力を持った普及者であり、解説者であり、ヨーロッパと北米において優れた業績を挙げた。

マーガレット・ミード

グレゴリー・ベイトソン

　二人の人類学者のアイディアは、子育てに関するベンジャミン・スポック博士の育児理論に決定的な影響を及ぼした。スポックの理論は、1960年代から70年代の北米の親たちの必要不可欠なハンドブックとなった。

120. ミード神話の崩壊

　デレク・フリーマンは1983年に『マーガレット・ミードとサモア：人類学神話の構築と破壊』を出版し、ミードのサモアでの研究に対する多くの批判を行った。ミードによるサモアの調査は、理論が先にありきのものだった。ミードは、彼女の師であるボアズの、「氏」（生物学）よりも「育ち」（文化）のほうが重要であるという理論を証明するために旅立ったのだ。ミードのサモアでの調査は、彼女の師であるボアズのエスノグラフィー的実践を冒瀆するものだった。ミードのサモアでの調査は、宣教師邸のベランダに座り、やって来た四名のサモアの少女から得られる情報で構成されていた。

これらのインタビューにおいてミードが思い描く性的幻想を私たちは共有したわけなの

彼女たちは「リアルな存在」で、サモア社会に関する私の分析の基盤をつくったと信じているわ

マーガレット・ミード

サモアの女性

156

人類学の偉大な英雄は、情け容赦なく批判に晒されることとなった。ミード
の擁護者は、フリーマンによってミードのサモアの表象が偽物として捏造され
たのだと主張する。

しかしながら我々は、それでも
なお、ミードがその研究をとおして
アメリカの文化への洞察を深めたん
だと、議論しています

ミスタースポック

さらに「文化とパーソナリティ」学
派の主要メンバーとして、私は心
理人類学を今日知られているよう
なかたちにまで確立することに寄
与したわけよ

ミードの創造行為は、人類学
を前進させるための障害には
決してなりはしなかった

121.『観察される観察者』

　マーガレット・ミードの失墜は、人類学のもう一つの出来事の地平線にもよって立つ。フリーマンの著作と同じ1983年にジョージ・ストッキング・ジュニア編集の『観察される観察者：民族誌的フィールドワークについての論文集』が出版された。それは、その後も続く『人類学の歴史』シリーズの最初の巻だった。『観察される観察者』は、人類学者による建設的な行為としての民族誌的実践を分析するものだった。ストッキング自身の論文は、（死後25年を経て）1967年にようやく出版されたマリノフスキーのフィールド日記を発見したことの衝撃を、より一般的な批判のなかに位置づけるものだった。マリノフスキーは、フィールドにおける白人文明社会への彼の切望を日記に記録していたのである。

122. 粘土の足元（もろい土台）

ジョージ・ストッキングが言うように、人類学の歴史は人類学を挑発したり、制約をくわえたり、ときには条件づけたりする、歴史経験と文化的前提に基礎づけられている。

「英雄としての文化人類学者」[※]は、アメリカ合衆国の批評家であり作家であるスーザン・ソンタグ（1966）によってつくり出された表現である。「英雄」のもろい土台が明らかになるよう（人類学者は）研究されなければならないということだ。

人類学と「参加型エキゾチズム」というヨーロッパの広範な伝統とのつながりについて調査が必要とされるのだ

※【訳注】 S・ソンタグ『反解釈』高橋康也ほか訳、筑摩書房、1996年に所収。

スーザン・ソンタグ

123. 自己投影の問題

　「恐れを知らない人類学者」神話は、イギリス人類学の最長老で主要な研究者の一人であった**エドマンド・リーチ卿**(1910-1989) により、また別の打撃を受けた。『イギリス社会人類学史における言及されぬ事柄への一瞥』(1984) においてリーチ卿は次のように認めている。人類学者は誰でも、他者ではない観察者としての自分自身が、彼あるいは彼女の人格を投影した何かをフィールドにおいて見るであろうことを認めざるを得ないのだと。リーチ卿は次のように記している。

　「人類学的報告は、著者のパーソナリティの側面から生み出される。それ以外の何であるというのだろうか？　マリノフスキーがトロブリアンド諸島民について書いているとき、彼は彼自身について書いているのである。エヴァンズ=プリチャードがヌアーについて書くとき、彼は彼自身について書いているのだ」

ま、そっちのほうが都合がいいのだがね、「**文化的違いというのは、しょせん、その場しのぎのフィクションにすぎない**」と私の弟子のリーチ君が後に言っておる

124. 文化を書くこととポストモダン

シリーズ「人類学の歴史」の編集委員会には、後に『文化を書く』(1986) に収載される、ニューメキシコ州で開催された「民族誌のテクストをつくる」というセミナーに参加した人類学者たちが多く含まれている。『文化を書く』は、人類学における劇的な転換を生み出した。それ以降、現代人類学から区別されてポストモダン人類学が登場するようになる。ポストモダン人類学は、いかなる**誇大理論**※をも拒絶する。

※【訳注】　グランドセオリーのことで、その学問分野の主要な語り（マスター・ナラティブ）すなわち著名な議論のことをいう。ライト・ミルズ『社会学的想像力』を初めて邦訳した鈴木広 (1965) は、タルコット・パーソンズの理論を揶揄するミルズの心情を汲み「誇大理論」と巧みに翻訳している。

それゆえ人類学者は、民族誌的真実の「理論的真実」と「全体性」を拒否してはどうかと考えるようになったんじゃ

文化についての真実のどのような可能性も、文化についての完全な言及の可能性も、さらには推論の可能性までもがなくなったんじゃ

現代人類学

ポストモダン人類学

リーチ卿の言う「一時的な」虚構は、『文化を書く』においてジェイムズ・クリフォードが述べる「文化的表象のナラティブな特徴」になった。人類学は、書かれたもののなかに存在する。それは読まれ、分析され、小説のように吟味されるテクストである。著者のパーソナリティは、エスノグラフィーをつくり上げる過程で確固としたものとなった。

125. ポストモダン的痙攣(けいれん)

しかし、人類学者の全員がこの事態を快く思ったわけではない。クリフォード・ギアーツの解釈主義は、人類学における革命である『文化を書く』よりも以前にそのかたちを前もって示したものであり、ギアーツはポストモダン人類学の擁護者の筆頭となった。イギリスの人類学者アーネスト・ゲルナーは、次のようにギアーツを批判した。

ギアーツは「全世代の人類学者に対して、極度の難解さと主観主義の正当化としての認識論的な懐疑と束縛された状態を利用することで、実際の、ないしは捏造した内面の不安や無気力感を見せびらかすように奨励した。彼らは、退行のどのレベルにおいても、自分そして他者について知ろうとする際の自らの無能力にあまりにも苦悩しているため、他者についてもうこれ以上思い悩む必要はないと考えてしまうほどである。もし世界のすべてが分節化し、多様な形をとり、実際にはそのもの以外の何にも類似しておらず、もし誰も他者（あるいは自分自身）について知ることはできず、もし誰ともコミュニケーションをとることができないのであれば、立ち入り不可能な散文のなかにある今のこの状況によって生まれている苦悶を表現する以外にここで何ができるというのだろうか?」(『ポストモダニズム、理性、宗教』1992より)

だから人類学は、人類学者についての学問になるんだよ。それなのに、なぜ連中は俺たち先住民を困らせ続けているんだ？

アーネスト・ゲルナー

126. 人類学の女性たち

　人類学は男性によってつくられたのだろうか？　専門的職業として、また20世紀の後半まではずっと規模が小さく、周縁的な、どちらかというと奇妙な仕事だと考えられてきた学問として、この問いに答えるのは簡単ではない。学者の数の比率からみれば、西洋の学術界のうちでは他の分野に比べて人類学の主要な地位にはより多くの女性がいた。

マーガレット・ミード

私は、イギリスの大学システムが女子の入学を認め始めたときには、すでにフィールドワークを行っていたのよ

　ミードと同じことが、オーストラリア生まれのフィリス・ケイバリーにもいえる。初期の世代の主要人物として次のような名前を挙げることができる。

ルース・ベネディクト（1887-1948）

ルース・ブンゼル（1898-1990）

ルーシー・メイア（1901-1986）

エリザベス・コルソン（1907-2016）

オードリー・リチャーズ（1899-1984）

モニカ・ウィルソン（1908-1982）

ヒルダ・クーパー（1911-1992）

メアリー・ダグラス（1921-2007）

キャサリン・ゴフ（1925-1990）

ローズマリー・ハリス（1930-2015）

ローラ・ネイダー（1930-）

127. 人類学者の親族紐帯

　人類学において女性は顕著な存在で、個人としてだけではなく、以下の二つの際立つやり方でも足跡を残してきた。一つは、「結婚をして権力を獲得する（=power marriage)」ことである。マーガレット・ミードは、グレゴリー・ベイトソンと結婚し、モニカとゴドフレイ・ウィルソンは夫婦であり、ヒルダとレオのクーパー夫妻（ジェシカ・クーパーの配偶者であるアダム・クーパーのおじおばに当たる）もいる。その他にも、ロバートとエリザベスのフェルニー夫妻、サイモンとフィービーのオッテンバーグ夫妻、グッディ夫妻、アレンツ夫妻、マーシャル夫妻、ペルトー夫妻、ストラザーン夫妻など多数の人類学者同士の夫婦がいる。

ヒルダとレオ・クーパー

グレゴリー・ベイトソンとマーガレット・ミード

モニカとゴドフレイ・ウィルソン

ロバートとエリザベス・フェルニー

このような結婚は、訓練を受けた現役の人類学者である二人をつなげ、それぞれお互いに力となったのよ

アダムとしてのベイトソン

フィールドワークにおいて互いが協力するとき、研究対象の人びとのうち女性の家庭内の世界が、男性の相方に対しても開かれるのさ

イブとしてのミード

128. フィールドの協力者

　もう一つの足跡は「人類学的な妻」としてのものである（＝妻である女性を使い女性の領域の調査に利用すること）。訓練を受けた人類学者でなくとも、女性たちはフィールドにいる男性の人類学者たちの同伴であり協力者であった。「従うべきは女だ」というほどではなくても、彼女たちは寡黙な相方として過小評価され見過ごされる存在では決してなかった。もっとも男の人類学者は、女たちを過小評価しその存在を見過ごしていたのだが。

人類学的な妻は「女性たちの世界」に関与することをとおして、「真の」人類学者である夫の研究助手になる

でも妻たちは報復する。私たちこそが理性的で人気が出る本を執筆するのよ、とね

　人類学者ポール・ボハナンの妻ローラ・ボハナンは、『笑いへの回帰』を執筆した。メアリー・スミスは、人類学者M.G.スミスの妻で、ムスリムのハウサの女性の伝記『カロのバーバ』を執筆した。このことは、**女性の行為主体性**という概念に性的な意味での両義性を与えた。

129. フェミニスト人類学

オックスフォード大学の教授**エドウィン・アードナー**※(1927-87) は、人類学そのものが男性によって支配されており、単に男性の人類学者が優先的に採用されるということだけでなく、人類学の理論、概念、方法論、そして実践が男性文化の所産であると指摘する。さらにそれは、女性が人類学を実践している場合にも当てはまるという。

※【訳注】 エドウィン・アードナー他『男が文化で、女は自然か？：性差の文化人類学』山崎カヲル訳、晶文社、1987年

君は白人男性がつくり出すものに何を期待するのかな？

フェミニスト人類学は、フェミニズム同様、複雑で多様である。フェミニスト人類学は「女性と男性の関係は、自然と文化の関係か？」というシェリー・オトナーの問いのようなものも含む。

130. フェミニスト人類学を位置づける

一方に偏らないフェミニスト人類学を提唱し、擁護するのは、ヘンリエッタ・ムーアである。

「フェミニスト人類学は……ジェンダーが文化をとおしてどのように経験され構築されるのかを問うよりもむしろ、経済、親族そして儀礼がジェンダーをとおしてどのように経験され構築されるのかという理論的問いを形成する。」

〈普遍的な女たち〉という概念に対して、ムーアは異議を唱える。

ムーア

女はどこの女であってもよく似ているというのは、男性の人類学者でさえ明らかにすることができた間違った考えだったわね

女性たちの声を聞こえるものとし、彼女たちの行為主体性や役割を明らかにするとき、女性の人類学者は、男性の人類学者のする以上でも以下でもなくなる必要がある。

131. 非接触の民

　ベネズエラのアマゾン熱帯雨林地域に暮らすヤノマミは、世界で最も有名な先住民である。ヤノマミは、ありとあらゆる人類学にとっての最も重要な戦利品——つまり誰も訪れていないという意味で「非接触の民」——と表現されている。つまり、こういうことだ。その主張によると、地理的に離れた熱帯雨林の飛び地に暮らしていることから、白人社会と接触しておらず、かつては皆がそうであっただろう最後の残存であり、消滅していく最後の民族である。

本当かい？　スペインの征服者やゴムの木の樹液採取労働者、そして金鉱地で金を掘る労働者たちがアマゾンにいたことを誰も知らないと言えるのか？

俺たちは、「生存を救えキャンペーン」や「熱帯雨林を救え」、そしてエコロジー運動のポスターのモデルにもなった、最も有名な民なんだぜ

ヤノマミ

人気のあるポップシンガーのスティングが俺たちのところへやってきて、一緒に写真を撮りさえしたんだから

　当然のことながら、ヤノマミは何十年にもわたり人類学者たちによって研究されてきた。

132. ヤノマミ・スキャンダル

　ヤノマミの人びとのあいだでフィールドワークを行った最も有名な、あるいは最も悪名高い二人の人類学者は、ナポレオン・シャニョンとジャック・リゾーである。前者は、アメリカ合衆国の、最もよく知られた現代の人類学者の一人であり、後者は、レヴィ=ストロースの学生だったフランスの人類学者である。

　パトリック・ティアニーは、その著書『エル・ドラードの闇：科学者とジャーナリストがいかにアマゾンを荒廃させたか』(2000) において、二人に対する次のような申し立てを行った。

　ティアニーのシャニョンに対する批判は、シャニョンが……

■アメリカ原子力委員会によって資金援助を受けた調査チームのメンバーであったこと。資金は、ヤノマミの人びとの血液サンプル収集に対するものであり、その目的は、自然界の天然放射線量（バックグラウンドの線量）の影響について比較することだった。それはヤノマミの人びとにとって何の役にも立たない調査であり、インフォームド・コンセントの許容範囲を超えていた。それどころか、ヤノマミの人びとを感染症に晒すという潜在的危険をもたらした。

■はしかの生ワクチンを使用した。そのことで、はしかの集団感染への予防どころか、むしろ集団感染の原因をつくり、ヤノマミの村々で大量の死者を出した。

ティアニーによるシャニョンへの告発は、まだ続く。

■シャニョンは、民族誌的情報を集めるため、ヤノマミの情報提供者（インフォーマント）に対して、交換財や価値のある鉄鋼の斧や銃で支払いを行った。彼は、亡き親族の「秘密の」名前を収集する目的のもとにこの方法を使うことで、ヤノマミの人びとを蹂躙した。交換財の流入により村は動揺し、村の内部ないし村と村のあいだで紛争が起こった。

■効果的に演出され特別にリハーサルされた＝つまりヤラセの民族誌的な映像作品（フィルム）をつくるために交換財を利用した。これらの作品としては、『斧の争い』と『祝宴（ザ・フィースト）』があり、これらは最もよく知られた民族誌的「ドキュメンタリー」である。

■映像作家やジャーナリストをヤノマミの居住地区に連れてくるという、非倫理的で潜在的に大量虐殺に等しい無責任な行為を実行した。このとき彼は、西洋の疾病に対するヤノマミの人びとの感受性をほとんど考慮しなかった。

だからこれらの映像作品は詐欺行為であり、人類学者が西洋の視聴者に対して紹介する民族を誤表象するものだよ

ヤノマミ

でもそれだけじゃないんだ

■弁明不可能な解釈——特に、より大勢を殺害した男がより多くの妻を有し、それによって遺伝子プールを支配するという命題（＝主張）——を立証するために調査資料をわかりにくくした。この証拠は、種としての人類がどのように誕生し、どのように発展したのかについての社会生物学の理論的予測を実証するための核となっている。

■実際には何人が亡くなったのか、誰が殺したのかという点を偽証し、「殺人」を捏造した。

■病気で死んでいくヤノマミの人びとへの治療を行わなかった。

■ヤノマミの人びとを擁護しなかった。

ヤノマミ

告発のリストは
まだ終わらないよ

■ヤノマミの土地を徹底的に破壊する鉱山採掘ラッシュの先頭に立つ受益者と協力し、ヤノマミの人びとへの権限と、独占的にこれらの人びとに接近する権利を確立しようとした。

■スペイン人とポルトガル人の到着以降、すべての地域がすでに植民地主義からの略奪行為の影響と衝撃のもとにあるにもかかわらず、穢れなき人びととしてのヤノマミを構築した。

そしてフランスの人類学者（民族学者）ジャック・リゾーは、

■自身の性的幻想を満足させるためにヤノマミの少年たちを性的に暴行した。

133. 生み出される内戦

　人類学者として、シャニョンとリゾーは、ヤノマミを異なる二つのヴァージョンで表象した。しかしティアニーは、今やもう馴染み深いこの告発がそれだけには収まらないと主張する。というのも、交換財を得るためにそれぞれの人類学者に依存していた村と村のあいだに激しい紛争をもたらしたからだ。

　人類学者たちは、研究対象の人びとの政治を、倒錯的につくり上げてしまったのだ。

これらのすべてに関して熱心な支援者だったのは、西洋のマスメディアである。「石器時代」の社会についての見出し（ヘッドライン）を切望していたマスメディアは、シャニョンを裕福かつ有名にし、彼の「どう猛な民」説を熱心に普及した。マスメディアは、殺人が人間社会に最初からそなわっていたルールであるがゆえに、「どう猛な民」説は論理的には殺人と同起源のものであり、大量虐殺（ジェノサイド）も人間性の原初的なものである、という社会生物学的な説明を補完し、未開概念の元来の特徴を再利用するというかたちでヤノマミを報じたのである※。

※【訳注】　その後ティアニーの取材にはいくつかの事実誤認が発見された。シャニョンは2013年に出版した『高貴なる野蛮人』という自伝のなかで、ヤノマミ事件の顛末記を書いて無実を再び主張した。ナポレオン・シャニョンは2019年9月にこの世を去った。

173

134. 人類学はどこへ行く？

専門的職業としての人類学の歴史は、わずか1世紀ほどにすぎない。その後半の半世紀は、前半の半世紀を改革する歴史であった。人類学は、袋小路の危機に入っている学問であり、差し迫った己の終焉を絶え間なく思考してきた。

でも、**人類学をすることは**、はたして変化したのかな？

人類学は、折衷主義的な学問だったけど、ますますそうなっているね

1995年、ロイ・ダンドラーデは、アーネスト・ゲルナーの主張に反応しつつ、人類学がいかにして「議論のテーマをぴょんぴょん変える」に至っているのか、その事実について整理している。調査・研究によって明らかになるのは、何か新しいことを生み出すためにより一層の努力を要するような複雑性だけではない。何が発見されようと、それは次第に興味深さを欠くようになっているということをも明らかにするのだ。――「こうなると、多くの実践者は、他の項目にくら替えする。つまり、何か本当に興味深いものを発見できるだろうという、いくらかの希望がある新しい仕事の方向へと乗り換えるのだ」。

人類学は、他者との対話というよりも、「他者についての研究」であり続けている。人類学は、他者の生活様式を普及させ、それは裕福な西洋消費主義のデザイナー装飾と化してしまった。エコツーリズムは、今や裕福な人びとが「風変わりで趣のあるエキゾチックな人びと」を訪問することを可能にし、人類学とは何かということを彼らに示す見本となっている。人類学は、西洋と他者とのあいだで、富の力や格差を対等にするためには役立ってこなかった。人類学者のなかには、そうすべきだと個人的に強く考える者がいるにもかかわらずである。

iscover
our resort

ZULU AFRIKA SAFARIS

これらの問いと不確かさはすべて、16世紀の我にとってもすでに馴染みがあるものだ

俺たちにとっても馴染み深いものだよ。まさにそれが連中が未だに拒んでいる点だよね

バルトロメ・デ・ラス＝カサス

afaris

ne
African Destir
stinations
nture Getav

el Planner

これから人類学を学んでいく人たちへ

　ここまでページを繰られた皆さん、楽しんでいただけたでしょうか？　原著は最後の改訂から10年がたっていますので、現在までの変化についてまとめてみます。その特徴を4点に絞ってみましょう。

（1）ポストモダニズム思想の深化に伴って人類学理論には、それまでの理論的前提を突き崩す脱構築（だつこうちく）という立場が登場します。これまでの理論の見直しや、さまざまな抽象的な概念の提唱を通して、文化や社会というものの見直しが進行中です。

（2）コロニアリズム批判の継続では、先住民や民族的少数派（マイノリティ）から学者が台頭してきて、未だに植民地的発想や視座から脱却していない現状が批判されています。

（3）存在論的人類学（オントロジー）の登場では、先の2つの動きに連動して、人間以外の動物の眼から存在のあり方を見直すという作業がおこなわれています。そして、最後に、

（4）ポストコロナ時代のフィールドワークの課題の登場です。爆発的なインターネットの普及や世界中の人たちがSNSなどで情報発信したり、仮想通貨のように経済活動のグローバル化が進展しています。新型コロナパンデミックによる移動の制限は逆にインターネット経由での空間的制約を超えたコミュニケーションを通してさまざまなコミュニティを生み出しました。デジタル民族誌やサイバー感覚の人類学という新しいジャンルを生みつつあります。

　どうでしょうか？　人類学を勉強するのなら、それはまさに「今でしょ!!」

　最後に各人であるいは授業で先生と一緒に調べてほしい用語をあげておきます。調べてみるときっと新しい世界の到来という手触りを感じるはずです。

- ■アプロプリエーション・領有（appropriation）
- ■遺産化・記念物化（patrimonialization）
- ■移動性（mobility）
- ■ヴァナキュラー・土着の（vernacular）
- ■オントロジー・存在論（ontology）
- ■声と主張（voice）
- ■コンタクトゾーン・接触領域（contact zone）
- ■サイバネティクス（cybernetics）
- ■自然主義（naturalism）
- ■集合的記憶（collective memory）
- ■情動（*affectus*；ラテン語）
- ■人獣感染症（zoonosis）
- ■人新世（Anthropocene）
- ■身体化・具体化（embodiment）
- ■スケープ・景観（scape）
- ■節合（articulation）
- ■デジタル（digital）
- ■テリトリアリティ・領域性（territoriality）
- ■ナラティブ・語り（narrative）
- ■ハイブリディティ・混成性（hybridity）
- ■パースペクティヴィズム・観点主義（perspectivism）
- ■ヘテログロシア・異種言語混交（heteroglossia）
- ■暴力（violence）
- ■ミメーシス・模倣（mimesis）

ブックリスト

日本の読者のための入門書

ジェイムズ・クリフォード『文化の窮状：二十世紀の民族誌、文学、芸術』太田好信
　［ほか］訳、人文書院、2003 年

太田好信・浜本満編『メイキング文化人類学』世界思想社、2005 年

岸上伸啓編『はじめて学ぶ文化人類学：人物・古典・名著からの誘い』ミネルヴァ書
　房、2018 年

松村圭一郎ほか編『文化人類学の思考法』世界思想社、2019 年

波平恵美子編『文化人類学［カレッジ版］第 4 版』医学書院、2021 年

古典的エスノグラフィーと人類学理論

Boas, Franz, *The Mind of Primitive Man*, New York: Macmillan, 1938.

—— *Race, Language and Culture*, New York: Macmillan, 1940. ／フランツ・ボアズ『北米イ
　ンディアンの神話文化』抄訳、前野佳彦ら訳、中央公論新社、2013 年

Evans-Pritchard, E.E., *Witchcraft, Oracles and Magic Among the Azande*, Oxford: Clarendon Press,
　1937. ／ E. E. エヴァンズ＝プリチャード『アザンデ人の世界：妖術・託宣・呪術』
　向井元子訳、みすず書房、2001 年

—— *Nuer Religion*, Oxford: Clarendon Press, 1956. ／ E. E. エヴァンズ＝プリチャード『ヌ
　アー族の宗教』向井元子訳、平凡社、1995 年

—— *Social Anthropology*, London: Cohen and West, 1951. エヴァンス＝プリチャード［ほか］
　『人類学入門』吉田禎吾訳、弘文堂、1970 年

Firth, Raymond, *We, the Tikopia*, London: Allen and Unwin, 1936.

Kaberry, Phyllis, *Women of the Grassfields*, London: HM Stationery Office, 1952.

Kroeber, A.L., *Anthropology: Culture Patterns and Processes*, New York: Harcourt, 1963.

Kluckhohn, Clyde, *Navaho Witchcraft*, Cambridge, MA: Peabody Museum, 1944.

Malinowski, Bronisław, *A Scientific Theory of Culture and Other Essays*, Chapel Hill: University of
　North Carolina Press, 1944. ／ B. マリノフスキー『文化の科學的理論』姫岡勤・上子
　武次訳、岩波書店、1958 年

—— *Argonauts of the Western Pacific*, London: Routledge, 1922. ／ B・マリノフスキ『西太平
　洋の遠洋航海者：メラネシアのニュー・ギニア諸島における、住民たちの事業と
　冒険の報告』抄訳、増田義郎訳、講談社、2010 年

総論

Beattie, J., *Other Cultures: Aims, Methods and Achievements in Social Anthropology*, London:
　Routledge, 1964. ／ J. ビーティ『社会人類学：異なる文化の論理』蒲生正男・村武

精一訳、社会思想社、1968 年

Bohannan, Paul, *We, the Alien: An Introduction to Cultural Anthropology*, Prospect Heights, IL: Waveland Press, 1992.

Geertz, Clifford, *The Interpretation of Cultures*, New York: Basic Books, 1973. ／ C. ギアーツ『文化の解釈学』吉田禎吾［ほか］訳、岩波書店、1987 年

Gluckman, Max, *Politics, Law and Ritual in Tribal Societies*, Oxford: Basil Blackwell, 1965.

Ingold, Tim, *Companion Encyclopedia of Anthropology: Humanity, Culture and Social Life*, London: Routledge, 1994.

Lewis, I.M., *Social Anthropology in Perspective*, Cambridge: Cambridge University Press, 1985.

歴史と理論

Adams, William Y., *The Philosophical Roots of Anthropology*, Stanford: CSLI Publications, 1998.

Barnard, Alan, *History and Theory in Anthropology*, Cambridge: Cambridge University Press, 2000.

Hodgen, Margaret, *Early Anthropology of the Sixteenth and Seventeenth Centuries*, Philadelphia: University of Pennsylvania Press, 1964.

Kuper, Adam, *Invention of the Primitive*, London: Routledge, 1988.

Layton, Robert, *An Introduction to Theory in Anthropology*, Cambridge: Cam bridge University Press, 1997.

Moore, Henrietta, *Anthropological Theory Today*, Cambridge: Polity Press, 1999.

批判と新しい方向性

Deloria, Vine, Jr., *Custer Died For Your Sins: An Indian Manifesto*, New York: Macmillan, 1969.

Geertz, Clifford, *Works and Lives: The Anthropologist as Author*, Stanford: Stanford University Press, 1988. ／クリフォード・ギアーツ『文化の読み方／書き方』森泉弘次訳、岩波書店、2012 年

Hymes, Dell, *Reinventing Anthropology*, revised ed., Ann Arbor: Ann Arbor Paperbacks, 1999.

Obeyesekere, G., *The Apotheosis of Captain Cook,* Princeton: Princeton University Press, 1992. ／ガナナート・オベーセーカラ『キャプテン・クックの列聖：太平洋におけるヨーロッパ神話の生成』中村忠男訳、みすず書房、2015 年

Rapport, Nigel and Overing, Joanna, *Social and Cultural Anthropology: The Key Concepts*, London: Routledge, 2000.

Sahlins, Marshall, *How "Natives" Think*, Chicago: University of Chicago Press, 1995.

人名索引

事項索引

原著者紹介

メリル・ウィン・デイビス（Merryl Wyn Davies）

1948–2021 年。紹介は本書のまえがきに相当する「この本の使い方について」を参照。著作として『反米の理由：なぜアメリカは嫌われるのか』（ジャーウッディン・サーダとの共著、2003 年）、『イスラム：対話と共生のために』（ジャーウッディン・サーダとの共著、2005 年）、『ダーウィンと原理主義』（2006 年）など。

ピエロ（Piero）

（生年不詳）アルゼンチン・ブエノスアイレスにあるラ・プラタ芸術大学で学部を卒業。ロンドン・ウェストミンスター・カレッジでアニメーションとマルチメディアについて学んだ。英国王立芸術院の「ベストイラストレーター」を 1998 年と 99 年に受賞。現在もイラストレーターとして活躍。

翻訳者紹介

池田光穂（いけだ・みつほ）

大阪大学大学院医学研究科博士課程単位取得済退学（医科学修士）。日本学術振興会特別研究員、北海道医療大学、熊本大学を経て現在、大阪大学 CO デザインセンター長。専門は医療人類学、科学人類学、先住民社会運動論など。著作に『実践の医療人類学』（世界思想社、2001 年）、『看護人類学入門』（文化書房博文社、2010 年）、『暴力の政治民族誌』（大阪大学出版会、2020 年）、編著に『コンフリクトと移民』（大阪大学出版会、2012 年）、『犬からみた人類史』（勉誠出版、2019 年）などがある。

額田有美（ぬかだ・ゆみ）

大阪大学大学院人間科学研究科博士後期課程修了、博士（人間科学）。現在、日本学術振興会特別研究員 PD（国立民族学博物館）。

専門は、コスタリカ研究、ラテンアメリカ地域研究（文化人類学的アプローチ）。主な業績として『法廷において文化と向き合う：コスタリカにおける「裁判所」の民族誌』（DOI: 10.18910/71651）がある。現在は、先住民性（indigeneity）がダイナミックに生み出される場としての、食や観光、環境、SNS などについても調査中。

INTRODUCING ANTHROPOLOGY
by Merryl Wyn Davies and Piero
Text Copyright © 2002 Merryl Wyn Davies
Illustrations Copyright © 2002 Piero
Japanese translation published by arrangement with Icon Books Ltd.
c/o The Marsh Agency Ltd through The English Agency (Japan) Ltd.

For Beginners シリーズ 109

人類学

2021年10月20日　第1版第1刷発行

著者	メリル・ウィン・デイビス
イラスト	ピエロ
訳者	池田光穂
	額田有美
発行所	株式会社現代書館
	〒102-0072　東京都千代田区飯田橋3-2-5
	電話03-3221-1321　ファクス03-3262-5906
	振替00120-3-83725
	http://gendaishokan.co.jp/
発行者	菊地泰博
印刷	平河工業社（本文）
	東光印刷所（カバー・表紙・帯）
製本	鶴亀製本
装丁	大森裕二
校正	高梨恵一